즐거운
중국여행 회화

편저: 한원석(한중문화교류회장)
감수: 김재선(전 KBS TV 중국어강좌 담당)

법문 북스

머 리 말

이 책은, 「중국어는 처음으로 시작한다」고 하는 모든 분들에게 제공하는 회화책으로서, 문장이 간단하고 짧으며 내용이 실용적이고 광범위하며 보편적인데다, 누구나 중국어 회화를 빠른 시일 내에 알기 쉽게 배울 수 있도록 꾸며진 책입니다.

또한 중국대륙의 생활상과 풍경들을 그려가면서 공부할 수 있도록 메모란을 실었습니다.

또 중국 여행 중 실제로 겪게 될 장면을 선정하여 엮었으므로, 중국 여행 중 언어상의 모든 곤란을 완전히 해결해 드림은 물론 중국 여행자를 위한 핸드북으로 하등의 손색이 없을 뿐만 아니라, 중국 여행에 좋은 친구요. 동반자가 될 것으로 확신하는 바입니다.

끝으로 한글식 발음표기는 참고삼아 붙인 것으로서, 원음과 완벽하게 일치할 수 없다는 것을 염두에 두시고 이 책을 통하여 중국어 회화학습에 도움이 되시기를 진심으로 바라는 바입니다.

편저자 올림

사용하는 분에게

一、중국어의 성조

중국어에서는 똑같은 음절일지라도, 음의 고저 장단의 변화에 따라 뜻이 달라지는데 이것을 성조라고 말한다. 성조는 4가지 종류가 있으며 가장 강한 모음위에 성조표시를 붙인다.

1성 ˉ 높은데서 평탄하게.

2성 ˊ 중간음부터 최고로 높인다.

3성 ˇ 다소 낮은 곳에서 시작하여 최저로 내렸다가 다시 높은 곳까지 올린다.

4성 ˋ 최고에서부터 최저까지 떨어뜨린다.

경성이란 4성을 일일이 가리지 않고 가볍고 약하게 발음하는 음절을 말하며 성조의 표시는 (。)이나 또는 붙이지 않는다. 어떤 성조의 음절이라도 경성으로 읽을 가능성이 있다.

4개 성조의 음의 높이를 그림으로 나타내면 다음과 같이 된다.

〔그림〕

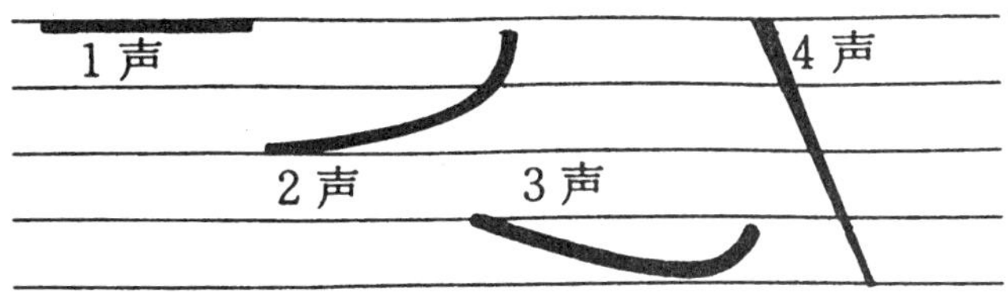

예 : 1 声　猫 māo　:　마̄오 (고양이)
　　2 声　毛 máo　:　마́오 (털)
　　3 声　买 mǎi　:　마̌이 (사다)
　　4 声　卖 mài　:　마̀이 (팔다)

3성이 계속될 때에는 앞의 3성을 2성으로 읽는 것에 주의하여야 한다. 그리고, 성조만은 중국어를 잘하는 분에게 지도를 받는것이 무난하다.

二、유기음과 무기음에 대하여

1. 중국어에는 숨을 내면서 음을 내는 유기음과 숨을 내지 않는 무기음이 있다. 한국어나 영어에도 이 구별이 없고 중국어만의 독특한 것으로 유기음을 송기음, 무기음을 불송기음이라고 한다. 송기의 음을 내면 입김이 손바닥에 부딪치는 것이 느껴지나 불송기의 음을 내면 크게 느껴지지 않는다.

狗 gǒu : 꺼̌우 (개)　　口 kǒu : 커̌우 (입)
急 jí : 지́ (서두르다)　　齐 qí : 치́이(가지런하다)
抱 bào : 빠̀오(끌어 안다)　　泡 pào : 파̀오(물에 담그다)

2. 권설음

혀끝을 위로 말아 올려 발음하므로 이를 권설음이라고 한다.

혀를 감는 요령은 영어의 roof〔r〕라고 생각하면 된다.

예:

山 **shān** : °싼(——혀를 말았을 때의 ㅅ)
三 **sān** : 싼(——보통의 ㅅ)

3. 오와 에의 중간음

이들은 영어의 learn의 〔ə:〕를 짧게 읽었을 때와 거의 같다.

예:

热 **rè** : °러 (덥다)
饿了 **èle** 어러 (배가 고프다)

4. 음절 시작의 ㄷ, ㅎ

두, 투, 후, 호, 허 등의 ㄷ, ㅎ은 가볍게 읽는다. 영어의 do, too, who의 요령이다.

地图**dìtú** : 띠 투 (지도)
浆糊 **jiànghú** : 쟝 후 (풀)
喝茶 **hēchá** : 허 °차(차를 마시다)

5. n(ㄴ)과 ng(ㅇ)

한국어의 음으로 읽어서 (ㄴ)으로 끝나는 한자의 중국음은 음미가 n(ㄴ)이고, (ㅇ)으로 끝나는 한자의 중국음은 음미가 ng(ㅇ)이 된다. 영어로 말하면 man과 king의 차이다.

예 :

伞 **sǎn** : 싼 (우산)

嗓子 **sǎngzi** : 쌍 ˚즈 (목)

商店 **shāngdiàn** : ˚상 디엔 (상점)

三、문형

이 책은 문법책이 아니므로 문형은 간단하게 소개하겠다.

1. A는 B이다.

예 : 我是韓国人. （P 23）

A — "是" — B. 부정은 "不是" 부˚스. A B 모두 명사.

B가 형용사일 때는 "是"를 쓰지 않는다.

예 : 交通方便吗 ? （P 101）

2. ~을 하고 싶다, 해보고 싶다.

예 : 我想吃面。 （P 75）

"想"을 사용한다. 부정은 "不想" 뿌 썅.

3. (이제부터) ~하다.

예：我要回民族饭店。（P115）

"要"를 쓴다. 부정은 "要"의 대신에 "不"를 넣는다.

예：我不去. 워 부 취 (나는 가지 않는다)

4. ~을 할 필요가 있다.

예：要不要去医院？——不用去医院。（P169）

「~을 하다」와 같은 형. 단 부정은 "不用"을 쓴다.

5. ~을 해도 됩니까?

예：可以照相吗？（P97）

"可以"를 동작의 앞에 둔다.

6. 어디어디서 ~을 하다.

예：在哪儿丢的？（P177）

"在"——場所——행하는 동작.

7. 무엇 무엇이 어디 어디에 있다.

예：厕所在哪里？（P21）

무엇——"在"——존재하는 장소.

8. 어디 어디에 무엇이 있다.

예：饭店里有银行吗？（P51）

"有"의 부정은 "没有". 그밖에 「가지고 있다. 소유하고 있다.」도 "有".

예：只有半天时间。（P101）

9. 부탁할 때, 어떤 일을 권할 때.

예：请你再说一遍。（P27）
请这边儿坐。（P73）

"請"을 사용한다. 직접 말할 때는 2인칭의 "你"를 생략해도 좋다.

10.～을 원하다, ～을 해 주십시오.

예：我要这个。（P133）

"要"의 다음에 필요한 물건, 수를 첨가한다.

11. 의문문을 만드는 법.

평서문의 맨뒤에 "吗？"를 첨가한다.

예：交通方便吗？（P101）

긍정부정을 중복한다.

예：这儿有没有端砚？（P127）

의문사를 사용한다.

예：这个怎么吃？（P85）

12. 수를 묻는다.

예：几点出发？（P95）

一个多少钱？（P135）

"几"는 10 이하의 한정된 적은 숫자를 묻고, 뒤에 양사를 붙여야 한다. "多少"는 10이상이나 예측할 수 없는 수에 쓴다. 양사를 붙일 필요가 없다. "錢"은 돈이라는 뜻이며 양사가 아니다.

목 차

§ 1. 여행을 즐겁게 해줄 회화
1) 인 사
안녕하십니까? ······ 16
2) 절대로 도움이 되는 말
감사할 것까지는 없습니다 ······ 18
화장실은 어디에 있습니까? ······ 20
나는 길을 잃었습니다 ······ 22
중국어를 할 줄 모릅니다 ······ 24
한번 더 말씀해 주십시오 ······ 26
지나친 칭찬이십니다 ······ 28
3) 자기소개
성함은? ······ 30
나는 회사에서 일하고 있습니다 ······ 32
댁의 가족은 몇 명입니까? ······ 34
§ 2. 중국으로의 여행
1) 기내에서
1. 담요를 주십시오 ······ 36
2) 입국수속
2. 이것은 나의 여권입니다 ······ 38
3. 트렁크를 열어 주십시오 ······ 40
3) 마 중
4. 저는 여러분들을 마중 나왔습니다 ······ 42

§3. 호　텔
1) 당신의 방은 802호실
1. 802호실은 몇층입니까?………………………… 44
2. 방 열쇠를 주십시오………………………… 46
3. 수건이 없습니다 ………………………… 48
2) 호텔답사
4. 호텔안에 은행이 있습니까?………………… 50
5. 매점은 어떻게 갑니까?………………………… 52
3) 세　탁
6. 언제까지 세탁이 될 수 있습니까?……… 54
7. 정오 이전에 꼭 세탁해 주십시오 ……… 56
8. 드라이크리닝………………………………… 58
9. 다리미질을 좀 해 주십시오………………… 60
4) 룸 서비스
10. 얼음을 조금 갖다주십시오………………… 62
5) 전 시 물
11. 음악 만찬회 ………………………………… 64
6) 이　발 66
12. 이발해 주십시오 ………………………… 66
7) 방을 바꾸다
13. 신관으로 옮기고 싶습니다………………… 68
§4. 식사·연회
1) 호텔의 식당에서
1. 예약하시겠습니까?………………………… 70
2. 이쪽으로 앉으십시오 ……………………… 72
3. 중국요리로 먹겠습니다 …………………… 74

4. (요리를) 좀 서둘러 주십시오 ········ 76
5. 담백한 요리로 주십시오 ········ 78
2) 거리의 식당에서
6. 적당한 요리를 좀 만들어 주십시오 ········ 80
3) 연 회
7. 좀 많이 드십시오 ········ 82
8. 매우 맛있군요 ········ 84
9. 제가 한잔 올리겠습니다 ········ 86
10. 건배 ········ 88
§5. 참관 · 방문
1) 참관지에 대하여
1. 가는 곳은 무엇이라 불리는 곳입니까? ··· 92
2. 시간이 어느정도 걸립니까? ········ 94
2) 함께 사진을
3. 함께 사진을 찍읍시다 ········ 96
§6. 거리구경
1) 계획을 세우다
1. 어디 놀러 가볼만한 좋은 곳이 있습니까? 98
2. 반나절 밖에 시간이 없습니다 ········ 100
2) 가는 방법을 정하다
3. 걸어서 갈 수 있습니까? ········ 102
4. 버스로 어떻게 갑니까? ········ 104
3) 출발-버스, 전차
5. 이 차는 갑니까? ········ 106
6. ~에 도착하면 알려 주십시오 ········ 108
4) 산 보

7. 이 길로 가는 겁니까? …………………… 110
8. 저 거리입니까?………………………… 112
5) 만일에 대비해서
9. 호텔에 돌아가렵니다 …………………… 114
§7. 택　시
1) 어디까지
1. 어디까지 가십니까?……………………… 116
2. 동물원까지 마중 나와 주십시오………… 118
3. 차는 여기에 세워 두겠습니다 …………… 120
§8. 쇼　핑
1) 살 물건을 정하다
1. 무슨 물건이 가장 유명합니까?………… 122
2. 이것은 무엇이라 부릅니까?…………… 124
2) 물건사기
3. 있습니까?………………………………… 126
4. 저것을 보여 주십시오…………………… 128
5. 필요없습니다……………………………… 130
6. 이것을 주십시오 ………………………… 132
7. (값이)얼마입니까?……………………… 134
8. 차이나 드레스 …………………………… 136
9. 나는 도장을 파고 싶습니다 …………… 138
§9. 우체국·전보
1) 편　지
1. 항공으로 부칩니다 ……………………… 140
2. 한국으로 보내는 것은 얼마입니까?…… 142
2) 책을 보내다

3. 여기에서 책을 부칠 수 있습니까? ······· 144
4. 등기로 합니까 ?································ 146
3) 전　보
5. 전보는 어디에서 칩니까?···················· 148
6. 보통 전보로 해도 됩니다 ···················· 150
§10. 전　화
1) 국제전화
1. 국제전화는 어떻게 걸지요?················ 152
2. 서울을 부탁합니다 ···························· 154
3. 수화기를 내려놓고 기다려 주십시오 ······ 156
4. 콜렉트 콜입니다 ······························· 158
5. 이야기가 끝났습니까? ······················· 160
6. 아무도 받지 않습니다························· 162
2) 호텔내 통화
7. 다른방으로 전화를 겁니다··················· 164
3) 시내전화
8. 지금 통화중입니다 ···························· 166
§11. 질병 · 분실물
1) 컨디션이 좋지 않다
1. 나는 약을 가지고 왔습니다 ················· 168
2. 나를 의무실까지 데려다 주십시오········· 170
3. 어디가 좋지 않습니까?······················· 172
4. 약을 먹으면 곧 좋아집니다 ··············· 174
2) 분실물
5. 식당에서 잃어버렸습니다 ···················· 176
6. 찾는 일을 도와 주십시오 ···················· 178

§12. 이　별
1) 중국분을 초대하다
1. 시간이 있습니까 ?…… 180
2. 매우 즐거운 여행이었습니다…… 182
2) 호텔을 떠나다
3. 짐들은 다 챙겼습니까?…… 184
3) 비 행 기
4. 정시에 뜹니까 ?…… 186
4) 기　차
5. 특급은 몇시에 발차합니까?…… 188
5) 귀　국
6. 무사히 가시기를 빕니다…… 190
§ 여행용어
1) 기내 · 세관에서…… 193
2) 호텔…… 197
3) 관광…… 199
4) 식사…… 202
5) 쇼핑…… 206
6) 은행…… 209
7) 통신…… 210
8) 교통…… 212
9) 길을 묻다 …… 216
10) 질병…… 218
11) 곤란한 일을 당했을때…… 222
12) 미용원 · 이발관…… 223
13) 귀국…… 224
§ 노래편…… 225

안녕하십니까?

1. 안녕하십니까!

2. 안녕들 하십니까!

3. 고맙습니다. (감사합니다!)

4. 안녕히 계십시오. (다시 만납시다!)

니 하오
你 好
Nǐ hǎo

1. 니 하오
   你 好!
   Nǐ hǎo

2. 니 먼 하오
   你 们 好!
   Nǐ men hǎo

3. 씨에 셰
   谢 谢!
   Xiè xie

4. 짜이 지엔
   再 见!
   Zài jiàn

● 기억해두면 편리한 단어

저, 나	워 我	[wǒ]
너, 당신	니 你	[nǐ]
그, 그사람	타 他	[tā]
그녀	타 她	[tā]
아침인사	짜오 천 하오 早 晨 好!	[zǎochen hǎo!]

※ 나, 당신 등의 호칭에는 성별에 차이가 없습니다. 제3인칭만 글자가 다르며 복수는 "們"을 붙입니다.

감사할 것까지는 없습니다.

1. 고맙습니다. (감사합니다)

   천만에요. (감사할 것까지는 없습니다.)

2. 미안합니다. (사과할 때 쓰임)

   괜찮습니다.

3. 사양마십시오.

메모

중국어는 한국어처럼 경어는 체계화되어 있지 않습니다. 「사양마시고」나 「염려마시고」나 모두 3에서 표현할 수 있습니다.

부　　　씨에
不　　　谢
Bú　　　xiè

씨에　셰　니
1. 谢　谢　你!
Xiè　xie　nǐ

부　씨에
不　谢。
Bú　xiè

뛔이　뿌　치이
2. 对　不　起。
Duì　bu　qǐ

메이　꽌　시
没　关　系。
Méi guān　xi

부　야오　커　치
3. 不　要　客　气!
Bú　yào　kè　qi

화장실은 어디에 있습니까?

1. 화장실은 어디에 있습니까?

2. 사진을 찍어도 됩니까?

3. 원합니다. / 원하지 않습니다.

4. 못알아 듣겠습니다.

5. 글씨를 써 주십시오.

메모

"愛人"은 부부끼리, 연인끼리, 서로 상대를 지칭하는 말.

처 쉬 짜이 나 리
厕 所 在 哪 里
Cè suǒ zài nǎ li

1. 처 쉬 짜이 나 리
厕 所 在 哪 里?
Cè suǒ zài nǎ li

2. 커 이 °짜오 °샹 마
可 以 照 相 吗?
Kě yǐ zhào xiàng ma

3. 야오 부 야오
要 / 不 要
Yào Bú yào

4. 팅 뿌 뚱
听 不 懂。
Tīng bù dǒng

5. 칭 씨에 이 씨에
请 写 一 写。
Qǐng xiě yi xie

나는 길을 잃었습니다.

1. 나는 길을 잃었습니다.

2. 나는 김일이라고 합니다.

3. 나는 한국인입니다.

4. 나는 학생 우호 방중단의 단원입니다.

5. 나는 민족호텔 802호실에 묵고 있습니다.

메모

특히 「脫線行動」을 하고싶은 분은 명찰을 달고, 단원명부를 가지고 외출하실 것을 권합니다. 호텔이름과 전화번호도 수첩에 메모해 두세요. 꼭 친절한 중국인을 만날 수 있을 것입니다.

워 미 °ㄹ루 ㄹ러
我 迷 路 了
Wǒ mí lù le

1. 워 미 ㄹ루 ㄹ러
我 迷 路 了。
Wǒ mí lù le

2. 워 짜오 찐 이
我 叫 金 一。
Wǒ jiào Jīn Yī

3. 워 °스 한 꿔 °런
我 是 韓 国 人。
Wǒ shì Hán guó rén

4. 워 °스 슈에 °성 여우 하오 °팡 화 퇀 더 퇀 유엔
我 是 学 生 友 好 访 华 团 的 团 员。
Wǒ shì xué shēng yǒu hǎo fǎng huá tuán de tuán yuán

5. 워 °쭈 짜이 민 주 °판 띠엔 빠 ㄹ링 얼 하오 °팡 지엔
我 住 在 民 族 饭 店 8 0 2 号 房 间。
Wǒ zhù zài mín zú fàn diàn bā líng èr hào fáng jiān

중국어를 할 줄 모릅니다.

1. 나는 한국인이라서, 중국어를 할 줄 모릅니다.

2. 당신은 영어를 할 줄 아십니까?

3. 우리 영어로 이야기 합시다.

4. 나는 잘못 들었습니다.

5. 좀 천천히 말씀해 주십시오.

메모

같은 「모르겠다」도 들을 경우와 볼 경우와 구별합니다. 또, 그림을 그리는 것과 글씨를 쓰는 것과는 다른 동사를 사용합니다. 같은 한자라도, 한국과 중국에서는 뜻이 다른 것도 있습니다. 중국에는 옛날부터 "芸"라고 쓰는 글자가 있고, 현재는 "藝"의 약자로서도 사용합니다. "藝術"을 "艺术" 이라고 약자로 씁니다.

부 후이 장 쭝 원
不 会 讲 中 文
Bú huì jiǎng zhōng wén

1. 워 스 한 꿔 런 부 후이 장 쭝 원
我 是 韓 国 人, 不 会 讲 中 文。
Wǒ shì Hán guó rén bú huì jiǎng Zhōng wén

2. 니 후이 장 잉 원 마
你 会 讲 英 文 吗?
Nǐ huì jiǎng Yīng wén ma

3. 워 먼 장 잉 원 바
我 们 讲 英 文 吧。
Wǒ men jiǎng Yīng wén ba

4. 워 팅 취 러
我 听 错 了。
Wǒ tīng cuò le

5. 칭 니 장 만 이 디엔
请 你 讲 慢 一 点
Qǐng nǐ jiǎng màn yi diǎn

● 기억해두면 편리한 단어

프랑스어	파 원 法 文	[Fǎ wén]
독일어	더 원 德 文	[Dé wén]
잘못말했음	장 취 러 讲 错 了	[jiǎngcuò le]

"讲"은 "说"(쉬) shuō 라고도 말함.

한번 더 말씀해 주십시오.

1. 한번 더 말씀해 주십시오.

2. 나는 아직 못알아 듣겠습니다.

3. 그림을 그려 주십시오.

4. 잘 알았습니다. 감사합니다.

메모

숫자를 읽는 법 (I)

零 líng 리링　一 yi 이　二 èr 얼　三 sān 싼　四 sì 쓰　五 wǔ 우　六 liù 리우
七 qī 치　八 bā 빠　九 jiǔ 지우　十 shí 스
百 bǎi 빠이　千 qiān 치엔　万 wàn 완
亿（億）yì 이

칭 니 짜이 °숴 이 비엔
请你再说一遍
Qǐng nǐ zài shuō yí biàn

칭 니 짜이 °숴 이 비엔
1. 请你再说一遍。
Qǐng nǐ zài shuō yí biàn

워 하이 °스 팅 부 뚱
2. 我还是听不懂。
Wǒ hái shì tīng bu dǒng

칭 니 화 거 투
3. 请你画个图。
Qǐng nǐ huà ge tú

밍 빠이 ㄹ러 씨에 세
4. 明白了，谢谢。
Míng bai le xiè xie

● 기억해두면 편리한 단어

보아서 모르겠다	칸 부 뚱 **看不懂**	[kàn bu dǒng]
이 글자	°쩌 거 °즈 **这个字**	[zhège zì]
중국식간체자	지엔 티 °즈 **简体字**	[jiǎntǐzì]

지나친 칭찬이십니다.

1. 당신은 (말솜씨가) 매우 좋군요.

별 말씀을 다….

2. 당신의 발음은 매우 뚜렷합니다.

지나친 칭찬이십니다.

3. 나는 겨우 한 두마디 밖에 못합니다.

메 모

"哪里哪里"는 칭찬을 받았을 때 대답하는 말. "好"는「훌륭하다」,「우수하다」, 칭찬할 때나 찬동의 뜻을 표시할 때 사용한다.

타이 콰 장 러
太 夸 奖 了
Tài kuā jiǎng le

니 장 더 헌 하오
1. 你 讲 得 很 好。
Nǐ jiǎng de hěn hǎo

나 리 나 리
哪 里 哪 里
Nǎ li nǎ li

니 더 ·파 인 헌 칭 ·추
2. 你 的 发 音 很 清 楚。
Nǐ de fā yīn hěn qīng chu

타이 콰 장 러
太 夸 奖 了。
Tài kuā jiǎng le

워 ·즈 후이 장 이 량 쥐
3. 我 只 会 讲 一 两 句。
Wǒ zhǐ huì jiǎng yì liǎng jù

● 기억해두면 편리한 단어

(글씨를) 잘 쓰지 못한다 — 씨에 더 뿌 하오 (写字) 写 得 不 好 [xiěde bù hǎo]

(노래를) 매우 잘 부른다 — 창 더 헌 하오 (唱歌) 唱 得 很 好 [chàngde hěn hǎo]

성씨가 어떻게 되십니까?

1. 당신은 성씨가 어떻게 되십니까?

내 성은 김입니다.

2. 당신의 성씨는 무엇입니까?

김이라 합니다. 잘 부탁드리겠습니다.

성은 金이고, 이름은 一이라고 합니다.

닌 꾸이 씽
您 贵 姓?
Nín guì xìng

1. 닌 꾸이 씽
您 贵 姓?
Nín guì xìng

워 .씽 찐
我 姓 金。
Wǒ xìng Jīn

2. 니 씽 °선 머
你 姓 什 么?
Nǐ xìng shén me

워 씽 진 칭 닌 뚸 꽌 °짜오
我 姓 金, 请 您 多 关 照。
Wǒ xìng Jīn qǐng nín duō guān zhào

워 씽 찐 쟈오 이
我 姓 金, 叫 一。
Wǒ xìng Jīn jiào Yī

메모

1. 은 상대방의 성을 정중하게 묻는 방법. "您"은 "你" nǐ (당신, 너)보다 정중한 표현.
여행을 할 때, 이름만큼은 중국어로 기억해 두어야 합니다.

나는 회사에 근무하고 있습니다.

1. 당신은 어디에 근무하고 있습니까?

나는 회사에서 일하고 있습니다.

2. 당신은 무슨 일을 하고 계십니까?

나는 직장을 갖고 있지 않습니다. 대학생입니다.

나는 공장을 경영하고 있습니다.

메모

수를 세는 법 (2)

1. 0~99는 한국과 같은 요령. 11 shí yī 스이 98 jiŭ shí bā 지우 스 빠 20 èr shí 얼 스 30 sān shí 싼 스.

2. 百, 千, 万, 億은 한 계단으로 쓰지 않습니다. 100, 1000… 일 때는 "一百", "一千", "一万", "一亿"라 부릅니다.

3. 한계단 이상의 수에 사용하는, 2자리수의 단위, 10~19도 "一百一十一", "一百一十九"와 같이 "一"를 첨가합니다.

워 짜이 꿍 쓰 꿍 쭤
我在公司工作
Wǒ zài gōng sī gōng zuò

1. 니 짜이 °나 리 꿍 쭤
   你在哪里工作?
   Nǐ zài nǎ lǐ gōng zuò

   워 짜이 꿍 쓰 꿍 쭤
   我在公司工作。
   Wǒ zài gōng sī gōng zuò

2. 니 쭤 °선 머 꿍 쭤
   你做什么工作?
   Nǐ zuò shén me gōng zuò

   워 메이 쭤 꿍 쭤 °스 따 슈에 °성
   我没做工作,是大学生。
   Wǒ méi zuò gōng zuò shì dà xué shēng

   워 카이 꿍 °창
   我开工厂。
   Wǒ kāi gōng chǎng

● 기억해두면 편리한 단어

(육체)노동자	꿍 °런 工人	[gōngrén]
농민	눙 민 农民	[nóngmín]
교사	쟈오 °스 教师	[jiàoshi]
간호원	후 °스 护士	[hùshi]
공무원	꿍 우 웬 公务员	[gōngwùyuán]
카메라 맨	°서 잉 °스 摄影师	[shèyǐngshi]
(직업이 없는)주부	쟈 팅 °푸 뉘 家庭妇女	[jiātíng fùnǚ]

가족은 몇 명입니까?

1. 댁의 가족은 몇 명입니까?

네명입니다.

2. 가족은 누가 있습니까?

처(남편)와 아이가 둘 있습니다.

3. 남자 아이가 하나, 여자 아이가 하나입니다.

메모

숫자를 읽는 법 (3)

3. 중간의 자리가 비어있을 때는 "零"을 하나 넣어서 읽습니다.

104 : 一百零四, 3, 023 : 三千零二十三, 50, 015 : 五万零一十五

4. 단위가 겹치고, 더우기, 十, 百, 千…으로 끝나는 수는, 맨 끝의 단위는 생략해도 괜찮습니다.

140 : 一百四(十), 40, 570 : 四万零五百七(十)

쟈 리 여우 지 커우 °런
家里有几口人
Jiā li yǒu jǐ kǒu rén

니 쟈 리 여우 지 커우 °런
1. 你家里有几口人?
Nǐ jiā li yǒu jǐ kǒu rén

여우 쓰 커우 °런
有四口人。
Yǒu sì kǒu rén

쟈 리 여우 °선 머 °런
2. 家里有什么人?
Jiā li yǒu shén me rén

여우 워 아이 °런 허 량 거 하이 즈
有我爱人和两个孩子。
Yǒu wǒ ài rén he liǎng ge hái zi

이 거 난 하이 즈 이 거 뉘 하이 즈
3. 一个男孩子, 一个女孩子。
Yí ge nán hái zi yí ge nǚ hái zi

● 기억해두면 편리한 단어

부(모)친	°푸 무 친 父(母)亲	[fù (mǔ) qin]
누나, 언니	지에 졔 姐姐	[jiějie]
여동생	메이 메이 妹妹	[mèimei]
형, 오빠	꺼 거 哥哥	[gēge]
동생	띠 디 弟弟	[dìdi]

1. 나는 담요가 필요합니다.

1. 차 드시겠습니까?

주십시오.

나는 필요없습니다.

2. 당신은 무엇이 필요하십니까?

나는 담요가 필요합니다.

● 기억해두면 편리한 단어

커피	카 °페이 **咖 啡**	**[kāfēi]**
쥬스	쥐 즈 °수이 **桔 子 水**	**[jǔzishuǐ]**
끓인 맹물	빠이 카이 °수이 **白 开 水**	**[báikāishuǐ]**

※ **"服务员" fú wù yuán** (°푸 우 웬) 이라고 하는 말이 있습니다. 한국의 한자로는「服務員」이라고 씁니다.

스튜어디스, 웨이트레스, 웨이터, 보이 모두가 **"服务员"** 중국다운 호칭 방법입니다.

1. 我要毛毯

워 야오 마오 탄
Wǒ yào máo tǎn

1. 니 야오 차 마
你 要 茶 吗?
Nǐ yào chá ma

워 야오
我 要。
Wǒ yào

워 부 야오
我 不 要。
Wǒ bú yào

2. 니 야오 선 머
你 要 什 么?
Nǐ yào shén me

워 야오 마오 탄
我 要 毛 毯。
Wǒ yào máo tǎn

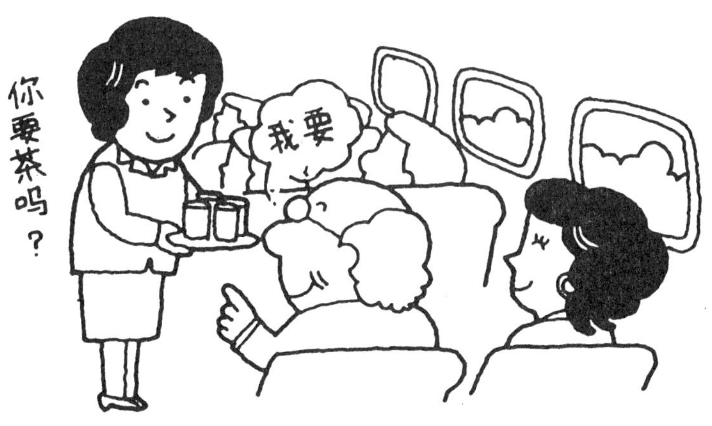

2. 이것은 나의 여권입니다.

1. 당신은 어디에서 오셨습니까?

나는 한국에서 왔습니다.

2. 이것이 나의 여권입니다.

3. 당신은 어디까지 가십니까?

나는 북경까지 갑니다.

● 기억해두면 편리한 단어

동경	뚱 징 东 京	[Dōngjīng]
서울	한 청 漢 城	[Hànchéng]
부산	°푸 °산 釜 山	[Fǔshān]
상해	°상 하이 上 海	[Shànghǎi]
광주	광 °저우 广 州	[Guǎngzhōu]
동북(구 만주)	뚱 뻬이 东 北	[Dōngběi]
예방접종증명서	위 °팡 지에 °중 °정 °수 (황 피 °수) 预 防 接 种 证 书 (黄 皮 书)	[yùfáng jiēzhòng zhèngshū]

2. 这 是 我 的 护 照

°쩌 °스 워 더 후 °자오

Zhè shì wǒ de hù zhào

1\. 니 충 나얼 라이
你 从 哪儿 来?
Nǐ cóng nǎr lái

워 충 한 꿔 라이
我 从 韓 国 来。
Wǒ cóng Hán guó lái

2\. °쩌 °스 워 더 후 °자오
这 是 我 的 护 照。
Zhè shì wǒ de hù zhào

3\. 니 따오 나얼 °취
你 到 哪儿 去?
Nǐ dào nǎr qù

워 따오 뻬이 징 취
我 到 北 京 去。
Wǒ dào Běi jīng qù

入出国登記書

② 请用正楷填写 Please Print

入/出 境 登 记 卡
① ENTRY/EXIT CARD

③ 姓名 Name in full ______ Surname

男 Male 女 Female 国籍 Nationality ______

④ 出生年月 Date of Birth ______

⑤ 职业 Occupation ______

⑥ 护照种类和号码 Passport — Type and No. ______

⑦ 签证种类和号码 Visa — Type and No. ______

⑧ 签证机关 Issued by ______

⑨ 偕行人 Accompanied by ______

⑩ 入/出境口岸和日期 Port and Date of Entry Exit ______

⑪ 是否旅游 Tourist or not ______

⑫ 签名 Signature ______

⑬ 此卡填妥后随同护照一并交边防检查站检验
After the card is filled, hand it together with the passport to the Frontier Defence Inspection Station for examination.

①입/출국등기서
②해서로 기입해 주십시오
③성명
④생년월일
⑤직업
⑥여권의 종류 및 번호
⑦비자의 종류 및 번호
⑧발행기관
⑨동행자
⑩입/출국지 및 년월일
⑪도항목적
⑫사인
⑬이 카드는 기입후 여권과 함께 国境警備検査所에 제출해 주십시오

3. 트렁크를 열어 주십시오.

1. 신고서 기입은 끝났습니까? 짐은 몇 개 있습니까?

   기입은 끝났습니다. 두 개 있습니다.

2. 트렁크를 열어 주십시오.

3. 카메라를 꺼내어 좀 보여주세요.

4. 라디오는 어디에 있습니까?

● 기억해두면 편리한 단어

	발음	중국어	병음
세관	하이 꽌	海 关	[hǎiguān]
검사	지엔 °차	检 查	[jiǎnchá]
수하물	°서우 티 씽 ㄹ리	手 提 行 李	[shǒutíxíngli]
손목시계	°서우 빠오	手 表	[shǒubiǎo]
(8미리) 카메라	빠 하오 미 띠엔 잉 °써 잉 지	(八 毫 米) 电 影 摄 影 机	[(bā háomǐ) diànyǐng shèyǐngjī]
녹음기	루 인 지	录 音 机	[lùyīnjī]
계산기	지 쏸 지	计 算 机	[jìsuànjī]

3. 请打开皮箱

칭 따 카이 피 쌍
Qǐng dǎ kāi pí xiāng

•선 빠오 딴 티엔 하오 러 마 여우 지 지엔 씽 리
1. 申 报 单 填 好 了 吗? 有 几 件 行 李?
Shēn bào dān tián hǎo le ma yǒu jǐ jiàn xíng li

티엔 하오 러 여우 량 지엔
填 好 了, 有 两 件。
Tián hǎo le yǒu liǎng jiàn.

칭 따 카이 피 쌍
2. 请 打 开 皮 箱。
Qǐng dǎ kāi pí xiāng

칭 빠 •짜오 •쌍 지 나 •추 라이 칸 이 칸
3. 请 把 照 相 机 拿 出 来 看 一 看。
Qǐng bǎ zhào xiàng jī ná chu lai kàn yi kan

•서우 인 지 짜이 나얼
4. 收 音 机 在 哪儿?
shōu yīn jī zài nǎr

携帯品申告書

氏名 金一
国籍 韓国
出発地/行先地 漢城 / 北京
手荷物 / 個, 託送荷物 / 個.
別送品 個. 出国/入国予定通関地 上海.

品名	数量		
腕時計	/		
카메라	/		
撮影機	/		
테레비	無		
録音機	/		

品名	入国申告	出国申告
宝石類 装身具、貴金属及	無	
文物	無	

署名 金一 日付 1990年9月1日

税関記入欄:

4. 저는 여러분들을 마중 나왔습니다.

1. 王 : 당신들은 한국 ○○우호방중단입니까?

2. 王 : 실례지만, 당신은 김일 선생입니까?

金 : 그렇습니다./아닙니다./제가 김일입니다.

3. 王 : 잘 오셨습니다. 저는 국제여행사의 왕우의라고 하는데, 여러분들을 마중 나왔습니다. 북경에 계시는 동안 여러분을 수행할 것입니다.

4. 王 : 오시는 도중에 어떠셨습니까, 피곤하시지요?

金 : 쾌적한 여행이었습니다. (모두 다) 피곤하지 않습니다.

5. 王 : 그럼 여러분 (선생님)을 호텔까지 안내하겠습니다.

4. 我是来接你们的

워 ˚스 ㄹ라이 지에 니 먼 더
我 是 来 接 你 们 的
Wǒ shì lái jiē ní men de

1. 王：
니 먼 ˚스 한 꿔 여우 하오 ˚팡 화
你 们 是 韓 国 × × 友 好 访 华
Ní men shi Hán guó yǒu hǎo fǎng huá
퇀 마
团 吗？
tuán ma

2. 王：
칭 원 닌 ˚스 찐 이 씨엔 ˚셩 마
请 问、您 是 金 一 先 生 吗？
Qǐng wèn nín shi Jīn Yī xiān sheng ma

金：
˚스 더 부 ˚스 워 ˚스 진 이
是 的。／不 是。／我 是 金 一。
Shì de Bú shi Wǒ shi Jīn Yī

3. 王：
환 잉 환 잉 워 ˚스 궈 지 뤼 씽 ˚서 더
欢 迎、欢 迎，我 是 国 际 旅 行 社 的
Huān yíng huān yíng Wǒ shi guó jì lǚ xíng shè de
왕 여우 이 ˚스 ㄹ라이 지에 니 먼 더 짜이 뻬이 징
王 友 谊，是 来 接 你 们 的。在 北 京
Wáng yǒu yì shi lái jiē ní men de Zài Běi jīng
치 지엔 페이 퉁 니 먼 훠 뚱
期 间 陪 同 你 们 活 动。
qī jiān péi tóng ní men huó dòng

4. 王：
이 루 ˚상 쩐 머 양 ㄹ레이 ㄹ러˚ 바
一 路 上 怎 么 样，累 了 吧？
Yí lù shang zěn me yàng lèi le ba

金：
루 ˚상 헌 하오 따 쟈 떠우 부 ㄹ레이
路 上 很 好，（大 家 都）不 累。
Lù shang hěn hǎo dà jiā dōu bú lèi

5. 王：
씨엔 짜이 칭 따 쟈 닌 따오 ˚판 띠엔 씨우 시
现 在 请 大 家（您）到 饭 店 休 息。
Xiàn zài qǐng dà jiā nín dào fàn diàn xiū xi

1. 802호실은 몇 층에 있습니까?

1. 服務員 : 당신의 방은 802호실입니다.
2. 金 : 802호실은 몇 층에 있습니까?
   服 : 8층에 있습니다.
3. 金 : 우리들의 짐은 어디에 있습니까?
   服 : 엘리베이터의 앞에 있습니다.
4. 金 : 미안하지만, 짐을 방까지 운반해줄 수 있습니까?
5. 服 : 짐을 가지고 왔습니다.
   金 : 고맙습니다. 수고했습니다.

메모

5층입니다

단체여행의 경우는, 여행사의 직원이 방번호를 가르쳐 줍니다. 「～층」은 "～楼"(～ 러우́). 엘리베이터에 "**服務員**"이 있기 때문에 층수를 말해줍니다. 9층은 「지̌우 러우́」라고 「러우́」를 반드시 붙이지요. 5층은 「우̌ 러우́」입니다.

빠 링 얼 하오 °팡 지엔 짜이 지 러우
1. 八 零 二 号 房 间 在 几 楼
Bā líng èr hào fáng jiān zài jǐ lóu

니 짜이 빠 링 얼 하오 °팡 지엔
1. 服务员：你 在 八 零 二 号 房 间。
Nǐ zài bā líng èr hào fáng jiān

빠 링 얼 하오 °팡 지엔 짜이 지 러우
2. 金：八 零 二 号 房 间 在 几 楼？
Bā líng èr hào fáng jiān zài jǐ lóu

짜이 빠 러우
服：在 八 楼。
Zài bā lóu

워 먼 더 씽 리 짜이 나얼
3. 金：我 们 的 行 李 在 哪儿？
Wǒ men de xíng li zài nǎr

짜이 띠엔 티 치엔 비엔
服：在 电 梯 前 边。
Zài diàn tī qián bian

칭 빵 워 빠 씽 리 빤 따오 °팡 지엔 취 하오
4. 金：请 帮 我 把 行 李 搬 到 房 间 去，好
Qǐng bāng wǒ bǎ xíng li bān dào fáng jiān qù hǎo

마
吗？
ma

씽 리 게이 닌 쑹 라이 러
5. 服：行 李 给 您 送 来 了。
Xíng li gěi nín sòng lái le

씨에 셰 마 °판 니 러
金：谢 谢，麻 烦 你 了。
Xiè xie má fan nǐ le

2. 방 열쇠를 주십시오.

1. 金 : 802호실의 방 열쇠를 주십시오.

服 : 예, 이것이 열쇠입니다.

문은 이미 열려 있습니다. 열쇠는 문의 열쇠 구멍에 꽂혀 있습니다.

2. 金 : 나의 열쇠를 방에 두고 왔습니다.

문을 열어 주십시오.

메 모

용무는 프런트에

각층에 프런트가 있고, "服務台" fú wù tái (푸, 우, 타이) 라고 말합니다. 그곳에 가서, "服務員"(푸우웬) 에게 부탁을 하게될때, 이름을 모르는 사람을 부를 때에는 "同志" tóng zhì (통, 쯔) 라고 합니다. 그러나 성을 알고 있을 경우는 "～先生" xiān sheng(씨엔 °성) 이라고 부릅니다.

칭 게이 워 °팡 지엔 더 야오 °스

2. 请 给 我 房 间 的 钥 匙

Qǐng gěi wǒ fáng jiān ·de yào shi

칭 게이 워 빠 링 얼 하오 °팡 지엔 더 야오
1. 金：请 给 我 八 〇 二 号 房 间 的 钥
Qǐng gěi wǒ bā líng èr hào fáng jiān de yào

°스
匙。
shi

하오 °쩌 °스 야오 °스
服：好，这 是 钥 匙。
Hǎo zhè shì yào shi

먼 이 징 카이 러 야오 °스 짜이 먼 °상
门 已 经 开 了，钥 匙 在 门 上。
Mén yǐ jing kāi le yào shi zài mén shang

워 더 야오 °스 쒀 짜이 리 비엔 러
2. 金：我 的 钥 匙 锁 在 里 边 了。
Wǒ de yào shi suǒ zài lǐ biān le

칭 빵 워 카이 카이 먼
请 帮 我 开 开 门。
Qǐng bāng wǒ kāi kai mén

3. 수건이 없습니다.

1. 나의 방에는 수건이 없습니다.

2. 슬리퍼가 한짝이 부족합니다.

3. 끓인 물 한 병을 갖다 주십시오.

4. 화장실이 고장입니다.

5. 수리해 주십시오.

● 기억해두면 편리한 단어

목욕수건	위 진 浴 巾	[yùjīn]
양치질 컵	°수 커우 뻬이 漱 口 杯	[shùkǒubēi]
세수비누	썅 자오 香 皂	[xiāngzào]
포트(뜨거운 물을넣는)	°러 °수이 핑 热 水 瓶	[rèshuǐpíng]
차 잎	°차 이예 茶 叶	[cháyè]
전구	떵 파오 灯 泡	[dēngpào]
수도(관)	쯔 라이 °수이 꽌 自 来 水(管)	[zìláishuǐ (guǎn)]

3. 没 有 毛 巾

메이 여우 마오 진
Méi yǒu máo jīn

1. 我 的 房 间 没 有 毛 巾。
워 더 °팡 지엔 메이 여우 마오 진
Wǒ de fáng jiān méi yǒu máo jīn

2. 少 一 双 拖 鞋。
°싸오 이 °쐉 퉈 시에
Shǎo yì shuāng tuō xié

3. 请 给 我 拿 一 瓶 开 水 来。
칭 게이 워 나 이 핑 카이 °수이 ㄹ라이
Qǐng gěi wǒ ná yì píng kāi shuǐ lai

4. 厕 所 坏 了。
처 숴 화이 ㄹ러
Cè suǒ huài le

5. 请 帮 我 修 一 修。
칭 빵 워 씨우 이 씨우
Qǐng bāng wǒ xiū yi xiu

메모

숫자를 읽는 방법 (4)

5. 보통 千,万의 정도와 양사의 앞에는 "**两**" liǎng(ㄹ량) 을 쓰고, 그밖의 단위에는 "二" èr (얼)을 사용한다. 단위를 생략할 때는 모두 "二"를 사용한다.

二十, 二百, **两**千, **两**万 三万**两** 千(三万二)

两张邮票 (2 장의 우표)

4. 호텔안에 은행이 있습니까?

1. 金：호텔안에 은행이 있습니까?

服：있습니다. / 없습니다.

2. 金：우체국은 어디에 있습니까?

服：1층에 있습니다.

3. 金：식사를 하는 곳은 어디입니까?

4. 金：영업시간은 몇 시부터 몇 시까지입니까?

● 기억해두면 편리한 단어

식당	°스 탕 食 堂	[shítáng]
소매점	쌰오 마이 뿌 小 卖 部	[xiǎomàibù]
이발관	리 °파 꽌 理 发 馆	[lǐfàguǎn]
서점	°수 디엔 书 店	[shūdiàn]
편지를 부치다	지 씬 寄 信	[jìxìn]
전보를 치다	파이 따 띠엔 빠오 拍（=打）电 报	[pāi (=dǎ) diànbào]

4. 饭店里有银行吗

°판 띠엔 리 여우 인 항 마
Fàn diàn lǐ yǒu yín háng ma

1. 金：饭 店 里 有 银 行 吗？
°판 띠엔 리 여우 인 항 마
Fàn diàn lǐ yǒu yín háng ma

服：有。／没 有。
여우 메이 ᵛ여우
yǒu Méi yǒu

2. 金：邮 局 在 哪儿？
여우 쥐 짜이 나얼
Yóu jú zài nǎr

服：在 一 楼。
짜이 이 러우
Zài yī lóu

3. 金：吃 饭 在 哪儿？
°츠 °판 짜이 나얼
Chī fàn zài nǎr

4. 金：营 业 时 间 是 从 几 点 到 几 点？
잉 이에 °스 지엔 °스 충 지 디엔 따오 지 디엔
Yíng yè shí jiān shì cóng jǐ diǎn dào jǐ diǎn

메모

환 전

외국돈을 중국돈으로 환전할 때는, 호텔이나 외국인 전용우의상점, 또는 공항의 은행에서 바꾸어 줍니다.

우리들 외국인은 「外貨券」 또는 「人民券」으로 환전 할 수가 있으나, 인민권은 외국으로 가져나가는 것이 금지되어 있습니다.

5. 매점은 어떻게 갑니까?

1. 金 : 매점은 어떻게 갑니까?

服 : 엘리베이터를 타고 1층까지 가십시오.

服 : 매점은 1층 엘리베이터의 맞은편에 있습니다.

服 : 곧장 앞으로 가면 도착합니다.

服 : 오른쪽으로 돌아서 바로 왼쪽입니다.

2. 金 : 거기에서는 무슨 물건을 팔고 있습니까? 외국 담배가 있습니까?

● 기억해두면 편리한 단어

계단을 오르다(내리다)	上(下)楼梯 (°상 °샤 러우 티)	[shàng (xià) lóutī]
로비·넓은 호올	大厅 (따 팅)	[dàtīng]
낭하	走廊 (°저우 랑)	[zǒuláng]
~의 옆	~旁边 (°팡 비엔)	[pángbiān]
~의 안	~里边 (리 비엔)	[lǐbiān]
~의 앞	~前边 (치엔 비엔)	[qiánbiān]
~의 뒤	~后边 (허우 비엔)	[hòubiān]

5. 小卖部怎么去

샤오 마이 뿌 쩐 머 취
Xiǎo mài bù zěn me qù

1. 金：小卖部怎么去？
샤오 마이 뿌 쩐 머 취
Xiǎo mài bù zěn me qù

服：坐电梯到一楼。
쭤 띠엔 티 따오 이 러우
Zuò diàn tī dào yī lóu

服：小卖部在一楼电梯对面。
샤오 마이 뿌 짜이 이 러우 띠엔 티 뛔이 미엔
Xiǎo mài bù zài yī lóu diàn tī duì miàn

服：一直往前走就到了。
이 °즈 왕 치엔 쩌우 지우 따오 러
Yì zhí wàng qián zǒu jiù dào le

服：向右拐，左（手）边就是。
썅 여우 꽈이 쭤 °서우 비엔 지우 °스
xiàng yòu guǎi zuǒ shǒu biān jiù shì

2. 金：那儿卖什么东西，有外国烟吗？
나얼 마이 °선 머 뚱 시 여우 와이 궈 이엔 마
Nàr mài shén me dōng xi yǒu wài guó yān ma

메모

년·월·일을 읽는 방법

年 nián 니엔·月 yuè 유에·日 (号) rì °르 (hào 하오)를 사용합니다.

年은 서력을 쓰고, 숫자는 하나하나 읽습니다. 月·日의 읽는 방법은 한국어와 같은 요령으로 말함(구어체에서는「号」를 사용한다.)

1980年 2月 12号 이 지우 빠 링 니엔 얼 유에 °스 얼 하오

1983年 4月 1号 이 지우 빠 싼 니엔 쓰 유에 이 하오

5. 언제까지 세탁이 될 수 있습니까?

1. 金：나는 세탁을 하려고 하는데, 어떻게 해야 됩니까?

   服：세탁물을 (의복)세탁물 주머니에 넣어두세요. 그럼 가지러 오겠습니다.

2. 金：옷은 언제 세탁이 될 수 있습니까?

   服：내일 오후에 됩니다.

   服：아침에 내놓으면 오후에 될 수 있습니다.

● 기억해두면 편리한 단어

상의	샹 이 上 衣		[shàngyi]	
바지 (부인용바지)	쿠 즈 裤 子	[kùzi]	뉘 쿠 女 裤	[nǚkù]
내의;속옷	네이 이 内 衣		[nèiyī]	
와이셔어츠	천 이 衬 衣		[chènyi]	
슬립	천 춘 衬 裙		[chènqún]	
양말	와 즈 袜 子		[wàzi]	
스타킹	창 퉁 니 룽 와 长 统 尼 龙 袜		[chángtǒng nílóngwà]	

6. 什么时候可以洗好

°선 머 °스 허우 커 이 시 하오
Shén me shí hou kě yi xi hǎo

1. 金：我要洗衣服，怎么办好？
워 야오 시 이 °푸 °전 머 빤 하오
Wǒ yào xi yī fu zěn me bàn hǎo

服：请把衣服放在洗衣袋里，我们来取。
칭 빠 이 °푸 °팡 짜이 시 이 따이 리 워 먼 라이 취
Qǐng bǎ yī fu fàng zài xi yi dài li wǒ men lái qǔ

2. 金：衣服什么时候可以洗好？
이 °푸 °선 머 °스 허우 커 이 시 하오
Yī fu shén me shí hòu kě yi xi hǎo

服：明天下午（可以洗好）。
밍 티엔 샤 우 커 이 시 하오
Míng tiān xià wǔ kě yi xi hǎo

服：早晨交，下午可以洗好。
짜오 °천 쟈오 샤 우 커 이 시 하오
Zǎo chén jiāo xià wǔ kě yi xi hǎo

메모

크 리―닝

보통 부탁한 물건은 다음날의 저녁까지에는 다 됩니다. 특히 급한 물건은 "急件" 지이지엔이라 써서, 아침에 내놓으면 그날중으로 해줍니다. 단 대금은 보통의 경우보다 조금 비쌉니다. 크리닝의 요금은 호텔에 따라서 다소 차이가 있습니다.

7. 정오 이전에 꼭 세탁해 주십시오.

1. 金：내일 오후 출발하는데, 댈 수 있겠습니까?

服：댈 수 있습니다. / 댈 수 없습니다.

2. 金：내일 정오 이전에 세탁해줄 수 있겠습니까?

服：될 수 있습니다. / 안됩니다.

3. 金：내일 정오 전까지 꼭 세탁해 주십시오.

● 기억해두면 편리한 단어

씻다, 빨다	시 洗	[xǐ]
상오	°상 우 上 午	[shàngwǔ]
저녁때, 밤	완 °상 晚 上	[wǎnshang]
낮	빠이 티엔 白 天	[báitiān]
밤, 밤중	이에 ㄹ리 夜 里	[yèlǐ]
～까지 (이전)	이 치엔 ～以 前	[yǐqián]
～이후	이 허우 ～以 后	[yǐhòu]

7. 中午以前一定把它洗好
°쭝 우 이 치엔 이 띵 빠 타 시 하오
Zhōng wǔ yǐ qián yí dìng bǎ tā xǐ hǎo

1. 金：明天下午出发，来得及吗？
밍 티엔 샤 우 °추 °파 ㄹ라이 더 지 마
Míng tiān xià wǔ chū fā lái de jí ma

服：来得及。／来不及。
ㄹ라이 더 지 ㄹ라이 뿌 지
Lái de jí lái bu jí

2. 金：明天中午以前洗好，可以吗？
밍 티엔 °쭝 우 이 치엔 시 하오 커 이 마
Míng tiān zhōng wǔ yǐ qián xǐ hǎo kě yǐ ma

服：可以。／不能。
커 이 뿌 넝
Kě yǐ Bù néng

3. 金：请在明天中午以前一定把它洗好。
칭 짜이 밍 티엔 °쭝 우 이 치엔 이 띵 빠 타 시 하오
Qǐng zài míng tiān zhōng wǔ yǐ qián yí dìng bǎ tā xǐ hǎo

8. 드라이크리닝입니다.

1. 金 : 이 스커트를 좀 세탁해 주십시오.

2. 服 : 드라이입니까, 아니면 물세탁입니까?

金 : 드라이입니다. / 물세탁입니다.

3. 金 : 휘발유가 있습니까? 좀 빌려 주십시오.

服 : 찾아봐 드리겠습니다.

● 기억해두면 편리한 단어

양복(양장)	시 °장 西 装	[xīzhuāng]
잠바	지야 커 夹 克	[jiákè]
블라우스	뉘 °천 °싼 女 村 衫	[nǚchènshān]
원피스	ㄹ리엔 이 췬 连 衣 裙	[liányīqún]
잠옷, 파자마	°수이 이 睡 衣	[shuìyī]
털 스웨터 · 털옷	마오 이 毛 衣	[máoyī]
오버 (레인)코트	따 위 이 大 (雨) 衣	[dà(yǔ) yī]

8. 干 洗

깐 시
干 洗
Gān xí

칭 게이 워 시 이 쌰 °쩌 지엔 츈 즈
1. 金：请 给 我 洗 一 下 这 件 裙 子。
Qǐng gěi wǒ xí yí xià zhè jiàn qún zi

°스 깐 시 하이 °스 °수이 시
2. 服：是 干 洗，还 是 水 洗？
Shì gān xí hái shì shuí xǐ

깐 시 °수이 시
金：干 洗。／水 洗。
Gān xí. shuí xí.

여우 치 여우 후이 °파 여우 마 지에 워 융 이
3. 金：有 汽 油（＝挥 发 油）吗？ 借 我 用 一
Yǒu qì yóu huī fā yóu ma jiè wǒ yòng yí

쌰
下。
xià

워 게이 니 짜오 이 짜오
服：我 给 你 找 一 找。
Wǒ gěi ní zhǎo yi zhǎo

9. 다리미질을 좀 해 주십시오.

1. 金: 이 바지를 다리미질 좀 해 주세요. 오늘 저녁에 사용할 겁니다.

2. 服: 만약 바쁘게 사용하려면, 직접 다리미질하는 것이 빠릅니다.

3. 金: 다리미는 있습니까?

服: 프런트에 있습니다.

● 기억해두면 편리한 단어

구두를 닦다 — 擦(차) 皮(피) 鞋(시에) [cā píxié]

검은색 구두약 — 黑(헤이) 色(써) 鞋(시에) 油(여우) [hēisè xiéyóu]

다갈색 — 茶(°차) 色(써) [chásè] 咖(카) 啡(°페이) 色(써) [kāfēisè]

(구두를 닦다)구두솔 — 鞋(시에) 刷(°솨) [xiéshuā]

※ 의복의 양사는 "件"jiàn (지엔). 바지류는 "条"tiáo (탸오). 구두, 양말은 "双"shuāng (°쐉) 이다.

9. 请给我熨一下
칭 게이 워 윈 이 쌰
Qǐng gěi wǒ yùn yí xià

1. 金：请给我熨一下这条裤子，今天晚上用。
칭 게이 워 윈 이 쌰 쩌 탸오 쿠 즈 진 티엔 완 상 용
Qǐng gěi wǒ yùn yí xià zhè tiáo kù zi jīn tiān wǎn shang yòng

2. 服：如果急着用，自己熨快。
루 궈 지 저 용 쯔 지 윈 콰이
Rú guǒ jí zhe yòng zì jí yùn kuài

3. 金：有熨斗吗？
여우 윈 떠우 마
Yǒu yùn dǒu ma

服：服务台有。
푸 우 타이 여우
Fú wù tái yǒu

메모

세 탁

외국의 여행자는 고급 의류품의 크리닝을 맡기지 않을 뿐더러, 팬티류는 열심히 자기가 빱니다. 빨래줄과 가루비누의 지참을 권합니다. 비닐봉지를 가지고 가는 것도 편리합니다. 더러워진 양말을 잠깐 넣어둔다든가, 다음 목적지에 도착때까지 마르지 않은 세탁물을 우선 넣어둔다든가 여러가지로 도움이 됩니다.

10. 얼음을 조금 갖다주십시오.

1. 金 : 맥주를 세 병 주십시오.

服 : 술은 프런트에서 사십시오.

2. 金 : 유리컵을 6개 준비해 주십시오. 그리고 얼음을 조금 가지고 와 주세요.

服 : 알겠습니다. 곧 가지고 가겠습니다.

服 : 미안합니다. 여기는 얼음이 없습니다.

● 기억해두면 편리한 단어

위스키	웨이 스 지 威士忌	[wēishìjì]
브랜디	빠이 란 띠 白兰地	[báilándì]
빨간(흰)포도주	홍 빠이 푸 타오 지우 红(白)葡萄酒	[hóng(bái) pútao jiǔ]
소홍주(중국의 명주)	싸오 씽 지우 绍兴酒	[shàoxīngjiǔ]

※ 중국제 위스키는 한국의 것과는 맛이 좀 다르므로 안마시는 것이 좋으실 것입니다. (p88, 89참조). 술을 부탁할 때에 쓰는 양사는 "瓶"píng (핑)이다.

10. 拿 些 冰 块儿 来

나 씨에 삥 콰이얼 라이
Ná xiē bīng kuàir lai

1. 金：我们要三瓶啤酒。
워 먼 야오 싼 핑 피 지우
Wǒ men yào sān píng pí jiǔ

服：买酒在服务台。
마이 지우 짜이 °푸 우 타이
Mǎi jiǔ zài fú wù tái

2. 金：给我们准备六个玻璃杯，再拿些冰块儿来。
게이 워 먼 °쭌 뻬이 리우 거 뽀어 리 뻬이 짜이 나 씨에 삥 콰이얼 라이
Gěi wǒ men zhǔn bèi liù ge bō li bēi zài ná xiē bīng kuàir lai

服：好，马上给你们拿来。
하오 마 °상 게이 니 먼 나 라이
hǎo mǎ shàng gěi nǐ men ná lai

服：对不起，这儿没有冰。
뚸이 부 치이 쩌얼 메이 여우 삥
Duì bu qǐ zhèr méi yǒu bīng

메모

각 방에는 반드시 물을 끓여먹는 그릇이 준비되어 있습니다. 냉수는 절대로 마시지 않도록 하십시오.

11. 음악 만찬회

1. 金：오늘 호텔에서 무슨 행사가 있습니까?

   服：음악 만찬회가 있습니다.

2. 金：어디에서 있습니까?

   服：클럽에서 있습니다.

3. 金：몇 시에 시작합니까?

   服：6시 반입니다.

4. 金：여기에서 표를 팝니까?

● 기억해두면 편리한 단어

영화	띠엔 잉 电 影	[diànyǐng]
연극	화 ˚쥐 话 剧	[huàjù]
경극	징 ˚쥐 京 剧	[jīngjù]
각종곡예	˚자 지 杂 技	[zájì]

여우 인 유에 완 후이
11. 有 音 乐 晚 会
Yǒu yīn yuè wǎn huì

진 티엔 °판 띠엔 리 여우 °선 머 훠 뚱 마
1. 金：今 天 饭 店 里 有 什 么 活 动 吗？
Jīn tiān fàn diàn lǐ yǒu shén me huó dòng ma

여우 인 유에 완 후이
服：有 音 乐 晚 会。
Yǒu yīn yuè wǎn huì

짜이 썬 머 ·띠 °팡
2. 金：在 什 么 地 方？
Zài shén me dì fang

짜이 쥐 러 뿌
服：在 俱 乐 部。
Zài jù lè bù

지 디엔 카이 °스
金. 东：几 点 开 始？
Jǐ diǎn kāi shǐ

리우 디엔 빤
服：六 点 半。
Liù diǎn bàn

짜이 °쩌 리 마이 퍄오 마
4. 金：在 这 里 卖 票 吗？
Zài zhè lǐ mài piào ma

12. 이발해 주십시오.

1. 韓 : 이발해 주십시오. (면도, 파마)

2. 韓 : 원모양대로 이발해 주세요. /좀 길게 깎아주세요. /좀 짧게 깎아주세요.

3. 理 : 머리를 감겠습니까? (수염을 정리, 드라이하다)

韓 : 부탁합니다. /필요없습니다. /조금 가위질 해 주세요.

4. 理 : 포마드를 바르십니까?

韓 : 바릅니다. /포마드를 바르지 말고, 머리 기름을 발라 주세요.

● 기억해두면 편리한 단어

샴푸	시 洗 °파 发 까오 膏	[xǐfàgāo]
헤어 토닉	쿠이 奎 닝 宁 °수이 水	[kuíníngshuǐ]
콜드 퍼머	화 化 슈에 学 탕 烫	[huàxuétàng]
	렁 冷 탕 烫	[lěngtàng]
전기 퍼머	띠엔 电 탕 烫	[diàntàng]

12. 请 给 我 理 发
칭 게이 워 리리 ˚파
Qǐng gěi wǒ lǐ fà

1. 韓國人：请 给 我 理 发。（刮 脸、烫 头 发）
칭 게이 워 리리 ˚파 꽈 리리엔 탕 터우 ˚파
Qǐng gěi wǒ lǐ fà guā liǎn tàng tóu fa

2. 韓：照 原 样 理。/留 大 点。/剪 小 点。
짜오 유안 양 리리 리리우 따 디엔 지엔 쌰오 디엔
Zhào yuán yàng lǐ Liú dà diǎn Jiǎn xiǎo diǎn

3. 理发员：要 不 要 洗 头？（齐 一 齐 胡 子、吹 干）
야오 부 야오 시 터우 치 이 치 후 쯔 ˚추이 깐
Yào bu yào xǐ tóu qí yi qí hú zi chuī gān

韓：要。/不 要。/稍 微 齐 一 下。
야오 부 야오 ˚싸오 웨이 치 이 쌰
Yào Bú yào Shāo wēi qí yí xià

4. 理：要 不 要 上 发 腊？
야오 부 야오 ˚상 ˚파 르라
Yào bu yào shàng fà là

韓：要。/不 要 上 发 腊、用 头 油。
야오 부 야오 ˚상 ˚파 르라 융 터우 여우
Yào Bú yào shàng fà là yòng tóu yóu

메모

화장보다도 다른 일에 더 열중하고 있는것이 중국의 현상이므로, 화장품의 종류가 적은 것은 어쩔 수 없습니다. 화장품의 명칭조차도 통일되어 있지 않은 것이 많이 있습니다. 장기체재를 하려면 퍼머 등은 한국에서 하는 편이 현명합니다.

13. 신관으로 옮기고 싶습니다.

1. 나는 신관으로 옮기고 싶은데, 방을 바꾸어 주십시오.

2. 어떠한 방을 원하십니까?

   싱글룸을 하나 주십시오.

3. 신관의 싱글룸은 이미 만원입니다.

   더블룸만 남았는데 괜찮겠습니까?

   괜찮습니다. /그렇다면 바꿀 필요가 없습니다.

메모

기 후

북경에서 가장 추울때는 1월, 가장 더울때는 7월입니다. 공기가 건조하기 때문에 여름의 더위는 그다지 고통스럽지는 않습니다. 그러나 겨울에는 살을 에이는 찬 바람이 붑니다.

덥다는 "熱" 러, 춥다는 "冷"렁, 따뜻하다는 "暖和" 놘훠, 서늘하다는 "涼快"량 콰이, 개인날은 "晴天" 칭 티엔, 흐린날은 "阴天"인 티엔 이라 말합니다.

"刮风"꽈 펑 은 바람이 분다는 것이고, "下雨" 쌰 위는 비가 온다는 것입니다.

13. 想搬到新楼
쌍 빤 따오 씬 러우
Xiǎng bān dao xīn lóu

1. 我想搬到新楼住，请给我换房间。
워 썅 빤 따오 씬 러우 *쭈 칭 게이 워 환 *팡 지엔
Wǒ xiǎng bān dao xīn lóu zhù qǐng gěi wǒ huàn fáng jiān

2. 要什么样的房间？
야오 *선 머 양 더 *팡 지엔
Yào shén me yàng de fáng jiān

要一个单人房间。
야오 이 거 딴 *런 *팡 지엔
Yào yí ge dān rén fáng jiān

3. 新楼的单人房已经住满了。
씬 러우 더 딴 *런 *팡 이 징 *쭈 만 러
Xīn lóu de dān rén fáng yǐ jing zhù mǎn le

只剩下带套间的双人房，行吗？
*즈 썽 쌰 따이 타오 지엔 더 쐉 *런 *팡 싱 마
Zhǐ shèng xia dài tào jiān de shuāng rén fáng xíng ma

行。/那就不换了。
싱 나 지우 부 환 러
Xíng Nà jiu bú huàn le

북경 제일의 수용인원을 자랑하는 友誼賓館

1. 예약하시겠습니까?

1. 金：식사를 예약하시겠습니까?

服：그렇습니다. /필요없습니다.

2. 金：점심때에는 우리들은 식사하러 오지 않습니다.

3. 金：저녁엔 6시에 오겠습니다.

4. 金：저녁식사를 1인분 더 준비해주세요.

메모

중국요리의 맛 味

중국요리에는 "甜, 咸, 苦, 麻, 辣, 酸"의 맛이 고루고루 갖추어져 있습니다. "甜" tián (티엔)은 달다. "咸" xián (씨엔)은 짜다. "苦" kǔ(쿠우) 쓰다. "麻" má(마)는 견딜 수 없이 맵다. "辣" là(라)는 고추처럼 맵다, "酸" suān (°쏸)은 식초같이 시다는 뜻입니다.

1. 要不要预约

야오 부 야오 위 유에
Yào bu yào yù yuē

1. 金：吃饭要不要预约?
°츠 °판 야오 부 야오 위 유에
Chī fàn yào bu yào yù yuē

服：要。/不用。
야오 부 융
Yào Bú yòng

2. 金：中午，我们不来吃了。
°쭝 우 워 먼 뿌 ㄹ라이 °츠 ㄹ러
Zhōng wǔ wǒ men bù lái chī le

3. 金：晚上，六点钟来。
완 °상 ㄹ리우 디엔 °쭝 ㄹ라이
Wǎn shang liù diǎn zhōng lái

4. 金：晚饭多(少)一个人。
완 °판 뚸 (°싸오) 이 거 °런
Wǎn fàn duō shǎo yí ge rén

2. 이쪽으로 앉으십시오.

1. 金 : 아무데나 앉아도 됩니까?

服 : 아무데나 앉아도 됩니다.

服 : 여러분들은 첫번째 상에 앉으십시오.

2. 服 : 당신들은 몇 사람입니까?

金 : 7사람입니다. 또 5사람이 곧 옵니다.

3. 服 : 어서 이쪽으로 앉으십시오.

● 기억해두면 편리한 단어

소금	이엔 盐	[yán]
간장	°장 여우 酱 油	[jiàngyóu]
식초	추 醋	[cù]
후추가루	후 쟈오 미엔 胡 椒 面	[hújiāomiàn]
고추	라라 쟈오 辣 椒	[làjiāo]

2. 请这边儿坐
칭 °쩌 비얼 쭤
Qǐng zhè biānr zuò

1. 金：可以随便坐吗？
커 이 쑤이 삐엔 쭤 마
Kě yǐ suí biàn zuò ma

服：可以（随便坐）。
커 이 쑤이 삐엔 쭤
Kě yǐ suí biàn zuò

服：你们在第一桌。
니 먼 짜이 띠 이 °쭤
Nǐ men zài dì yī zhuō

2. 服：你们几个人？
니 먼 지 거 °런
Nǐ men jǐ ge rén

金：七个人。还有五个马上来。
치 거 °런 하이 여우 우 거 마 °상 라이
Qī ge rén hái yǒu wǔ ge mǎ shàng lái

3. 服：请这边儿坐。
칭 °쩌 비얼 쭤
Qǐng zhè biānr zuò

메모

만 두

중국의 한자에서는「饅頭」를 "馒头" mántou (만 터우)라고 씁니다. 고기나 팥소를 넣고 찐「만두」로 생각하면 큰 잘못임. 팥고물이 들어 있지 않습니다.「찐빵」과 같은 것입니다.「고기만두」는 "肉包" ròubāo(°러우 빠오) 입니다. 天津(市)의 고기만두는 대단히 유명합니다. 꼭 시식해 보십시오.

3. 나는 중국요리로 먹겠습니다.

1. 나는 중국요리로 먹겠습니다.

2. 메뉴판이 있습니까?

3. 우선 맥주 한 병과, 사이다 2병을 주세요.

4. 저는 국수를 먹겠습니다, 밥은 싫습니다.

5. 정식을 주십시오.

● 기억해두면 편리한 단어

죽	稀 饭 (시 °판)	[xifàn]	또는 粥 (°주) [zhōu]
국, 수프	汤 (탕)	[tāng]	
그릇	碗 (완)	[wǎn]	
저, 젓가락	筷 子 (콰이 즈)	[kuàizi]	
(작은) 접시	碟 子 (띠에 즈)	[diézi]	
숫가락	汤 匙 子 (탕 츠 즈)	[tāngchízi]	
찻잔	茶 杯 (차 뻬이)	[chábēi]	

3. 我 吃 中 餐
워 °츠 °쭝 찬
Wǒ chī zhōng cān

1. 我 吃 中 餐。
워 °츠 °쭝 찬
Wǒ chī zhōng cān

2. 有 菜 单 吗?
여우 차이 딴 마
Yǒu cài dān ma

3. 先 要 一 瓶 啤 酒、两 瓶 汽 水。
씨엔 야오 이 핑 피 지우 량 핑 치 °수이
Xiān yào yì píng pí jiǔ liǎng píng qì shuǐ

4. 我 想 吃 面, 不 要 米 饭。
워 샹 츠 미엔 부 야오 미 °판
Wǒ xiǎng chī miàn bú yào mǐ fàn

5. 要 份儿 饭。 (“定 食”라고 해도 통합니다)
야오 °펄 °판 띵 °스
Yào fènr fàn dìng shí

메모

“面” miàn (미엔)

우리들은 「탕면」, 「볶음밥」을 잘 먹습니다만, 본 고장의 중국에서는 “汤面” tāngmiàn (탕 미엔), “炒饭” chǎofàn (차오 °판) 이라고 말합니다. 그리고 「볶음면」은 “炒面” chǎo miàn (차오 미엔) 이나, 중국에서는 그다지 먹지 않기 때문에 “面” (미엔) 을 주문하면, 거의 「탕면」이 나옵니다.

4. (요리를) 좀 서둘러 주십시오.

1. 金 : 무엇이 가장 빨리 됩니까?

   服 : 면이 가장 빨리 됩니다.

   金 : 그럼 면을 두 그릇 부탁합니다.

2. 金 : 가장 빨리 되는 걸로 우리들은 먹겠습니다.

3. 金 : 우리들은 12시 40분에 출발합니다. 좀 서둘러 주십시오.

● 기억해두면 편리한 단어

양식	시 찬 西 餐	[xīcān]
토스트	카오 미엔 빠오 烤 面 包	[kǎo miànbāo]
잼	꿔 쯔 °쟝 果 子 酱	[guǒzijiàng]
버터	황 여우 黄 油	[huángyóu]
우유	니우 나이 牛 奶	[niúnǎi]
요쿠르트	쏸 니우 나이 酸 牛 奶	[suānniúnǎi]
홍차	홍 °차 红 茶	[hóngchá]

4. 请快一些

칭 콰이 이 씨에

Qǐng kuài yì xiē

1\. 金：什么最快？
•선 머 쭈이 콰이
Shén me zuì kuài

服：面最快。
미엔 쭈이 콰이
Miàn zuì kuài

金：那就要两碗面。
나 지우 야오 량 완 미엔
Nà jiù yào liǎng wǎn miàn

2\. 金：什么最快，我们就吃什么。
•선 머 쭈이 콰이 워 먼 지우 •츠 •선 머
Shén me zuì kuài wǒ men jiù chī shén me

3\. 金：我们十二点四十分出发，清快一些。
워 먼 •스 얼 디엔 쓰 •스 •펀 •추 •파 칭 콰이 이 씨에
Wǒ men shí èr diǎn sì shí fēn chū fā qǐng kuài yì xiē

5. 담백한 요리로 주십시오.

1. 담백한 요리를 좀 골라 주십시오.

2. 기름기가 너무 많지않게 해주십시오.

3. 야채를 좀 많이 해주십시오.

4. 싱싱한 야채가 있습니까?

5. (토마토 등에) 설탕을 치지 말아주세요.

● 기억해두면 편리한 단어

단어	발음	중국어	병음
토마토	시 훙 ˚스	西红柿	[xīhóngshì]
오이	황 꽈	黄瓜	[huángguā]
양배추	양 빠이 차이	洋白菜	[yángbáicài]
김치, 소금에 절인 야채	시엔 차이	咸菜	[xiáncài]
두부	또우 ˚푸	豆腐	[dòufu]

※"咸菜"는 절인 음식의 총칭이다. 간장에 절임을 한 "酱菜"장 차이, 하루 저녁 절인 비슷한 맛의"泡菜"파오 차이 등이 있습니다.

게이 워 먼 칭 딴 더 차이

5. 给 我 们 清 淡 的 菜
Gěi wǒ men qīng dàn de cài

게이 워 먼 탸오 이 시에 칭 딴 더 차이
1. 给 我 们 挑 一 些 清 淡 的 菜。
Gěi wǒ men tiāo yì xiē qīng dàn de cài

여우 부 야오 타이 따 러
2. 油 不 要 太 大 了。
Yóu bú yào tài dà le

뚸 게이 워 먼 이 씨에 °수 차이
3. 多 给 我 们 一 些 蔬 菜。
Duō gěi wǒ men yì xiē shū cài

여우 °성 차이 마
4. 有 生 菜 吗?
Yǒu shēng cài ma

부 야오 °팡 탕
5. 不 要 放 糖。
Bú yào fàng táng

메 모

중국의 요리이름에 나오는 한자의 의미

片－얇게 썰다. 丝, 条－채썰이. 块－덩이로 썰다. 丁－작은 덩어리. 丸, 团子－경단. 末－잘게다진고기. 泥－갈아서 잘게 빻은것. 饼子－평평하며 둥근모양.

熬、炖、焖、煨、煮、烧、扒、烩—삶은것. **卤、酱**—**酱油煮。溜、烩**—조미한요리. **爆、炒、烹**—볶은것. **烤、盐焗、烧、熏**(불에굽다)— 구운것류. **炸**—튀김 **拌、炝**—양념무침. **腌**—(魚, 肉의) 절임. 중국의 요리명은 재료와, 모양, 맛, 동 요리법에서 생긴것이 많이 있습니다.

6. 적당한 요리를 좀 만들어 주십시오.

1. 金 : 우리들은 여기에서 식사를 하고 싶은데, 어떤 요리가 있습니까?

2. 服 : 무엇이든 다 됩니다. 당신들은 무슨 요리를 좋아하십니까?

3. 金 : 무엇을 먹어야 좋을지 모르겠습니다.

4. 金 : 우리는 세 사람인데, 1인당 2원 정도로 적당히 요리를 좀 만들어 주십시오.

5. 金 : (메뉴를 보며) 이 요리도 주세요.

6. 金 : (다른 사람이 먹는 것을 가리키며) 저 사람이 먹는 것을 우리들도 좀 맛보고 싶습니다.

7. 金 : 밥 한그릇 더 주십시오.

•스 땅 게이 워 먼 쭤 씨에 차이
6. 适当给我们做些菜
Shì dàng gěi wǒ men zuò xiē cài

워 먼 야오 짜이 •쩔 •츠 •판 여우 •선 머
1. 金：我们要在这儿吃饭，有什么
Wǒ men yào zài zhèr chī fàn yǒu shén me

차이
菜？
cài

선 머 떠우 넝 쭤 니 먼 시 환 •츠 •선
2. 服：什么都能做，你们喜欢吃什
Shén me dōu néng zuò nǐ men xǐ huan chī shén

머
么？
me

뿌 •즈 따오 •츠 •선 머 하오
3. 金：不知道吃什么好。
Bù zhī dào chī shén me hǎo

워 먼 싼 거 •런 메이 거 •런 량 콰이 쭤
4. 金：我们三个人、每个人两块左
Wǒ men sān ge rén měi ge rén liǎng kuài zuǒ

여우 칭 •스 땅 게이 워 먼 쭤 씨에 차이
右、请适当给我们做些菜。
yòu qǐng shì dàng gěi wǒ men zuò xiē cài

•쩌 거 차이 이에 야오
5. 金：这个菜也要。
Zhè ge cài yě yào

타 •츠 더 워 먼 이에 썅 •창 •창
6. 金：他吃的，我们也想尝尝。
Tā chī de wǒ men yě xiǎng cháng chang

짜이 라이 이 완 미 •판
7. 金：再来一碗米饭。
Zài lái yì wǎn mǐ fàn

7. 좀 많이 드십시오.

1. 中國人：사양마시고 많이 좀 드십시오.

金：제 스스로 먹겠습니다.

2. 金：고맙습니다. 배불리 먹었습니다.

3. 金：더이상은 못먹겠습니다.

4. 金：만족하게 먹었습니다.

메모

호텔의 프런트에서 물으면 그 지방에서 유명한 요리점을 소개해 줍니다. 〈北京〉 北京烤鴨店 (오리料理) 仿膳 (宮廷料理) 東來順 (징키스칸料理) 〈上海〉 和平飯店, 錦江飯店, 上海大廈, 國際飯店 등 호텔의 식당에서도 上海料理가 나옵니다. 식초와 설탕을 많이 사용한 한국인의 입에 맞는 요리입니다. 〈広州〉 洋渓酒家 (広州料理) 回民飯店 (이스람料理). 뱀, 원숭이, 고양이 등의 요리도 유명합니다.

뚸 °츠 이 디엔
7. 多 吃 一 点
Duō chī yì ďiǎn

부 야오 커 치 뚸 °츠 이 디엔
1. 中国人：不 要 客 气， 多 吃 一 点。
Bú yào kè qì duō chī yì diǎn

워 쯔 지 ㄹ라이
金：我 自 己 来。
Wǒ zì jǐ lái

씨에 세 °츠 빠오 ㄹ러
2. 金：谢 谢， 吃 饱 了。
Xiè xie chī bǎo le

짜이 이에 °츠 부 쌰 ㄹ러
3. 金：再 也 吃 不 下 了。
Zài yě chī bu xià le

°츠 더 헌 만 이
4. 金：吃 得 很 满 意。
Chī de hěn mǎn yì

메모

老 陳 醋

山西省 사람은 식초를 좋아하고, "老陳醋" ㄹ라오 치엔 추라는 유명한 식초를 자랑으로 삼고 있습니다. 중국의 양조초는 약간 독특한 향이 있고, 색은 진하고, 간장과 구분하기 어려운 것도 적지 않습니다. 요즈음은 아주 하얀 합성초도 식탁에서 볼 수 있습니다.

8. 매우 맛있군요.

1. 이 요리는 무엇이라 합니까? (글자로) 어떻게 씁니까?

2. 이것은 어떻게 해서 먹습니까?

3. 나는 처음 먹어봅니다.

4. 나는 먹기를 매우 좋아합니다.

5. 매우 맛있군요.

메모

중국어에는, 어미의 변화가 없고 「~을」, 「~은」, 「에」 에 상당하는 부속어도 없다. 문법적인 관계는 주로 단어의 순서에 의하여 결정된다. 그러므로 어순이 틀리게 되면 뜻이 변해버린다든지 전연 뜻이 안되는 수가 있다. 한국어와 틀려 동사의 목적어는 보통 동사의 뒤에 둔다. 我吃飯이며 我飯吃가 아니다.

8. 很 好 吃

헌 하오 °츠
Hěn hǎo chī

1. °쩌 거 차이 짜오 °선 머 쩐 머 씨에
这个菜叫什么? 怎么写?
Zhè ge cài jiào shén me zěn me xiě

2. °쩌 거 쩐 머 °츠
这个怎么吃?
Zhè ge zěn me chī

3. 워 띠 이 츠 °츠
我第一次吃。
Wǒ dì yī cì chī

4. 워 헌 시 환 °츠
我很喜欢吃。
Wǒ hěn xí huān chī

5. 헌 하오 °츠
很好吃。
Hěn hǎo chī

9. 제가 한잔 올리겠습니다.

1. 제가 한잔 올리겠습니다.

2. 다시 한잔 합시다.

3. 나는 술을 못마십니다. 더이상 못마시겠습니다.

4. 그는 대주가입니다.

5. 이 술은 몇 도나 됩니까?

메모

아래는 1979年 가을 旅大市에서 있었던 第3回 中国酒品評会에서 선발된 18種의 名酒이다. 〔 〕안은 產地.

白酒類 ①茅台〔貴州省〕。②汾酒〔山西省〕。③五粮(糧)液〔四川省〕。④剑(劍)南春〔同上〕。⑤古井貢酒〔安徽省〕。⑥江苏(蘇)洋河大曲(麯)〔四川省〕。⑦董酒〔貴州省〕。⑧泸(瀘)州老窖特曲(麯)〔四川省〕。

위 °징 니 이 뻬이

9. 我敬你一杯

Wǒ jìng ní yì bēi

위 °징 니 이 뻬이
1. 我 敬 你 一 杯。
Wǒ jìng ní yì bēi

짜이 깐 이 뻬이
2. 再 干 一 杯。
Zài gān yì bēi

워 부 후이 허 지우 짜이 이에 뿌 넝 허 러
3. 我 不 会 喝 酒，再 也 不 能 喝 了。
Wǒ bú huì hē jiǔ zài yě bù néng hē le

타 °스 하이 량
4. 他 是 海 量。
Tā shì hǎi liàng

°쩌 거 지우 여우 뚸 °싸오 뚜
5. 这 个 酒 有 多 少 度？
Zhè ge jiǔ yǒu duō shǎo dù

老酒類　⑨绍兴(興)加饭酒〔浙江省〕。⑩龙(竜)岩沈缸酒〔福建省〕。

와인 類　⑪烟(煙)台红葡萄酒〔山東省〕。⑫中国红葡萄酒〔北京〕。⑬沙城白葡萄酒〔河北省〕。⑭民权(権)白葡萄酒〔河南省〕。⑮烟(煙)台味美思〔山東省〕。⑯烟(煙)台金奖白兰(蘭)地〔山東省〕。⑰山西竹叶(葉)青〔山西省〕。

맥주　⑱青岛(島)啤酒。

10. 건 배.

1. 왕 선생님께 감사의 뜻을 표시하며, 건배!

2. 왕 선생님 가족의 행복을 기원하며, 건배!

3. 여러분의 건강을 축하하며, 건배!

4. 우리들의 우정을 위하여 건배!

5. 한중 양국 국민의 자자손손의 우호를 위해

건배!

메모

술에 대해서 한마디

지금까지 八大名酒라고 불리워져 온 것은 앞 페이지의 ①,②, ⑧, ⑨, ⑮, ⑯의 외에 "白酒"의 西凤(鳳)酒〔陝西省〕와 와인의 玫瑰香红葡萄酒〔山東省〕입니다. 맨 뒤의 것은 ⑪의 별명일까요, 어느 것이나 다같이 煙台市의 제품입니다.

茅台가 엉뚱하게 비싸진 요즈음, 五糧液을 권합니다.

10. 干 杯

깐 뻬이
Gān bēi

1. 为了感谢王先生，干杯!
웨이 러 깐 씨에 왕 씨엔 ·성 깐 뻬이
Wèi le gǎn xiè wáng xiān sheng gān bēi

2. 为了王先生全家幸福，干杯!
웨이 러 왕 씨엔 ·성 취엔 쟈 씽 ·푸 깐 뻬이
Wèi le wáng xiān sheng quán jiā xìng fú gān bēi

3. 为了祝大家身体健康，干杯!
웨이 러 ·쭈 따 쟈 ·썬 티 지엔 캉 깐 뻬이
Wèi le zhù dà jiā shēn tí jiàn kāng gān bēi

4. 为我们的友谊干杯!
웨이 워 먼 더 여우 이 깐 뻬이
Wèi wǒ men de yǒu yì gān bēi

5. 为韓中两国人民世世代代友好下去，干杯!
웨이 한 쭝 량 꿔 ·런 민 ·스 ·스 따이 따이 여우 하오 쌰 취 깐 뻬이
Wèi Hán Zhōng liǎng guó rén mín shì shi dài dai yǒu hǎo xià qù gān bēi!

술에 대해서 한마디

“老酒”에는 단맛과 쓴맛이 나는 것이 있으나, 한국인의 구미에 맞는 술입니다. 단 사탕을 넣지 않은 것이 정통파의 술마시는 법인듯 한데 山東省煙台市의 와인은 도수와 관계없이 호평입니다. ⑮는 vermouth(베르뭇)의 음역이지만, 빨간색을 하고 있습니다. ⑯의 “白兰地”는 brandy(브랜디)의 음역, ②의 汾酒에 12種의 漢方을 넣은 것이 ⑰의 竹葉青입니다.

首都. 人口 800万名, 面積 1万 6,800㎢. 東京에서 飛行機로 4時間 40分. 3千年의 오랜 文化와 解放後의 새로운 文化가 즐비하게 서있는, 中国의 政治·経済의 中心.

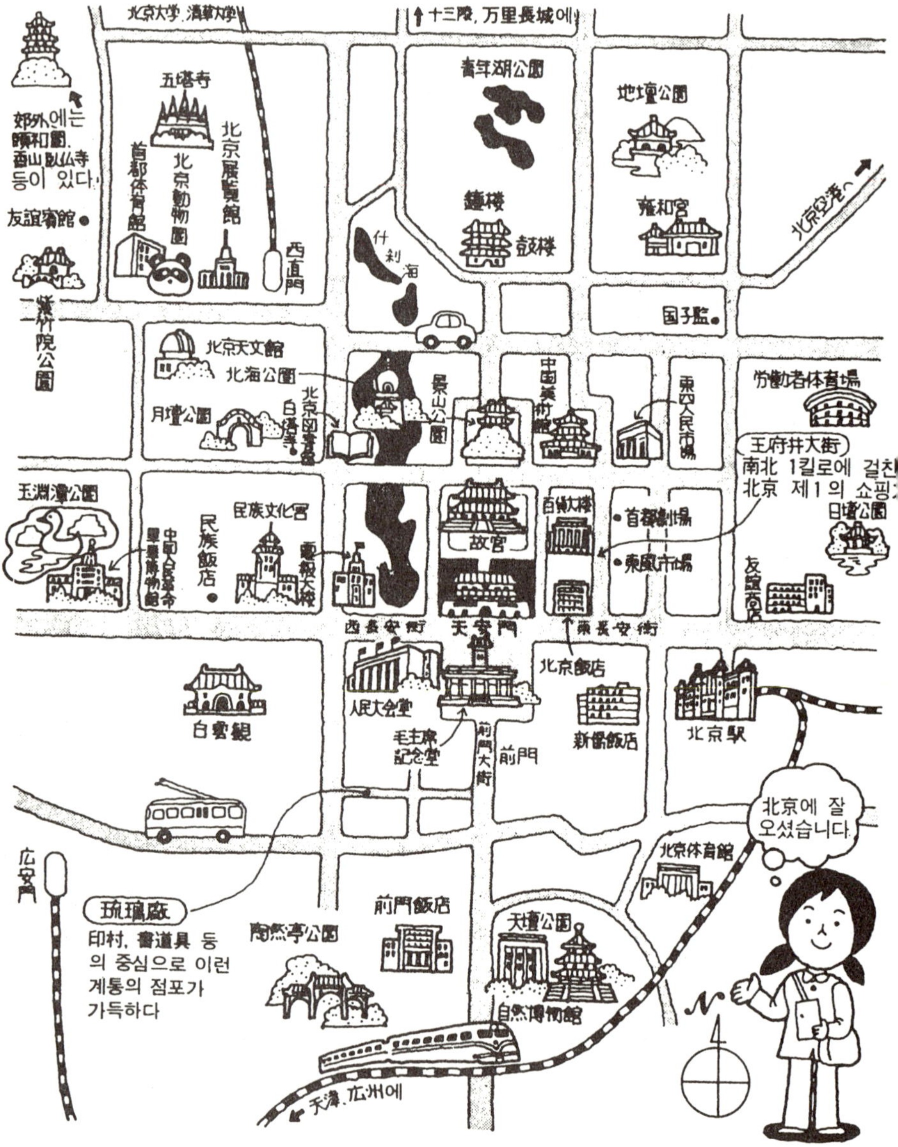

北京大学, 清華大学
十三陵, 万里長城에
郊外에는 頤和園, 香山臥仏寺 등이 있다
友誼賓館
紫竹院公園
五塔寺
首都体育館
北京動物園
北京展覧館
西直門
青年湖公園
什刹海
鐘楼
鼓楼
地壇公園
雍和宮
北京空港へ
国子監
北京天文館
北海公園
北京図書館
白塔寺
月壇公園
景山公園
中国美術館
東四人民市場
労働者体育場
王府井大街
南北 1킬로에 걸친 北京 제1의 쇼핑가
日壇公園
玉淵潭公園
中国人民革命軍事博物館
民族飯店
民族文化宮
電報大楼
故宮
百貨大楼
首都劇場
東風市場
友誼商店
西長安街
天安門
東長安街
北京飯店
白雲観
人民大会堂
毛主席記念堂
前門大街
前門
新僑飯店
北京駅
北京에 잘 오셨습니다.
北京体育館
広安門
琉璃廠
印材, 書道具 등의 중심으로 이런 계통의 점포가 가득하다
陶然亭公園
前門飯店
天壇公園
自然博物館
天津, 広州에

人口 約 1,100万名, 面積 6, 100㎢. 東京에서 飛行機로約 3時間. 世界最大의 人口를 포용하는 中国의 港湾工業都市이다. 거리를 다니는 사람의 복장도 그래서인지 때를 벗었다.

N

南京, 北京에

上海駅

虹口公園
魯迅의墓

玉仏寺

中山公園

白渡橋

上海大廈

工業展覧館

美術展覧館

国際飯店

華僑飯店

南京路
市의 메인스트리트

市一百店

和平飯店

虹橋空港へ

上海市少年宮

人民公園

人民広場

錦江飯店

黄浦公園
黄浦江의 展望이 훌륭하다. 市民의 휴식장소

一大会跡

豫園

孫中山故居

江이라기보다 바다의 느낌, 어쨌든 크다!! 대형선박도 들어온다.

上海体育館

龍華公園

黄浦公園에서
아침散歩를!

R·E

1. 가는 곳은 무엇이라 불리는 곳입니까?

1. 오늘은 어떤 곳을 참관합니까?

2. 우리들이 가는 곳은 무엇이라 불리는 곳입니까?

3. 무슨 물건을 생산하고 있습니까?

4. 무슨 물건이 있습니까?

5. 어디에 있는 곳입니까?

● 기억해두면 편리한 단어

농촌(인민공사)	·런 민 꿍 써 人 民 公 社	[rénmín gōngshè]
공장	꿍 ·창 工 厂	[gōngchǎng]
학교	슈에 샤오 学 校	[xuéxiào]
소년궁	·싸오 니엔 꿍 少 年 宫	[shàoniángōng]
박물관	·버 우 꽌 博 物 馆	[bówùguǎn]
～을 전시하다	·잔 ㄹ란 展 览 ～	[zhǎnlǎn～]
～을 기념하다	지 니엔 纪 念 ～	[jìniàn～]

워 먼 •취 더 띠 •팡 •짜오 썬 머

1. 我 们 去 的 地 方 叫 什 么

Wǒ men qù de dì fang jiào shén me

진 티엔 찬 꽌 •선 머 띠 •팡
1. 今 天 参 观 什 么 地 方?
Jīn tiān cān guān shén me dì fang

워 먼 •취 더 띠 •팡 •짜오 썬 머
2. 我 们 去 的 地 方 叫 什 么?
Wǒ men qù de dì fang jiào shén me

•성 찬 •선 머 뚱 시
3. 生 产 什 么 东 西?
Shēng chǎn shěn me dōng xi

여우 •선 머 뚱 시
4. 有 什 么 东 西?
Yǒu shén me dōng xi

짜이 •선 머 띠 •팡
5. 在 什 么 地 方?
Zài shén me dì fang

旅客列車時刻表

北京——上海

21次			公里	站名	公里	22次		
到	开	停				到	开	停
—	13.04		0	北京	1462	6.06	—	
14.37	47	10	147	天津西	1315	4.22	32	10
17.38	46	8	376	德州	1086	1.31	39	8
19.12	24	12	494	济南	968	23.47	59	12
23.24	33	9	811	徐州	651	19.35	44	9
1.36	46	10	976	蚌埠	486	17.22	34	12
4.02	14	12	1157	南京	305	14.48	15.00	12
—	—		1295	常州	167	13.07	10	3
6.28	33	5	1334	无锡	128	12.29	33	4
8.13			1462	上海	0		10.54	

游览列车

游 1			公里	站名	游 2		
到	开	停			到	开	停
	8.05		0	北京	15.14		
	—		5	东郊	15.00	06	6
9.05	09	4	64	南口	49	14.01	12
—	—		74	居庸关	1320	26	6
9.53	10.03	10	82	青龙桥	45	55	10
09	19	10		八岭达	12.26	36	10
10.31			94	康庄		12.13	

注，游1/2每星期三停运。

2. 시간이 어느정도 걸립니까?

1. 金 : 몇 시에 출발합니까?

中 : 8시 반입니다.

2. 金 : 어느정도 시간이 걸립니까?

中 : 40분간입니다.

3. 金 : 몇 시에 호텔로 돌아옵니까?

메 모

한국처럼 남·여공용의 공중변소가 없습니다. 그리고 특히 농촌지방에서는 칸막이가 없고, 있더라도 문이 없는 변소가 적지 않습니다. 세상 돌아가는 이야기를 주고 받는 절호의 장소로 되어 있으나, 옷벗고 이야기할 자신이 없는 분은 호텔에서 일을 다 보고 가세요.

2. 需要多少时间

쉬 야오 뚸 °싸오 °스 지엔
Xū yào duō shǎo shí jiān

1. 金：几点出发？
지 디엔 °추 °파
Jǐ diǎn chū fā

中国人：八点半。
빠 디엔 빤
Bā diǎn bàn

2. 金：路上需要多少时间？
°루 °상 쉬 야오 뚸 °싸오 °스 지엔
Lù shang xū yào duō shǎo shí jiān

中：四十分钟。
쓰 °스 °펀 °쭝
Sì shí fēn zhōng

3. 金：几点回到饭店？
지 디엔 후이 따오 °판 띠엔
Jǐ diǎn huí dào fàn diàn

3. 함께 사진을 찍읍시다.

1. 사진을 찍어도 됩니까?

2. 사진 한장 찍어 드리겠습니다.

3. 우리 함께 사진을 찍읍시다.

4. 우리들에게 사진을 찍어주실 수 있겠습니까?

5. (셔터를 가리키며) 이곳을 누르면 됩니다.

● 기억해두면 편리한 단어

녹음하다	录音 (루 인)	[lùyīn]
안에 들어가 보다	进去看 (진 취 칸)	[jìnqu kàn]

※ ok 일 때는 "可以"(커이) no 일 때는 "不可以"(뿌커이)또는 "不能"(뿌넝)인데, 깜빡 잊고 촬영 금지의 곳에서 사진을 찍으면, "不要照相"(부 야오 짜오 샹), 「사진을 찍지 마십시오」라고 말합니다.

3. 一起照相吧

이 치 ˚짜오 ˚쌍 바
Yì qǐ zhào xiàng ba

커 이 ˚짜오 ˚쌍 마
1. 可以照相吗?
Kě yǐ zhào xiàng ma

게이 니 ˚짜오 이 거 ˚쌍
2. 给你照一个相。
Gěi nǐ zhào yí ge xiàng

워 먼 이 치 ˚짜오 ˚쌍 바
3. 我们一起照相吧。
Wǒ men yì qǐ zhào xiàng ba

칭 니 빵 워 먼 ˚짜오 ˚쌍 하오 마
4. 请你帮我们照相好吗?
Qíng ní bāng wǒ men zhào xiàng hǎo ma

안 ˚쩌 거 띠 ˚팡 지우 커 이 러
5. 按这个地方就可以了。
Àn zhè ge dì fang jiù kě yǐ le

메모

提示·表示

입구	进口	촬영금지	禁止拍照
출구	出口	무용자출입금지	闲人免进
비상구	太平门	취급주의	小心轻放
금연	请勿吸烟	남자변소	男厕
조용히	请勿喧哗	여자변소	女厕

1. 어디 놀러 가볼만한 좋은 곳이 있습니까?

1. 金：북경에는 어디 놀러 가볼만한 좋은 곳이 있습니까?

中国人：이허웬, 티엔탄 모두 다 좋습니다.

2. 金：북경에는 어떤 유명한 요리점이 있습니까?

3. 金：어느 거리가 가장 번화합니까?

4. 金：북경에 오면 어느 곳에 꼭 가보아야 합니까?

● 기억해두면 편리한 단어

명승고적	밍 셩 꾸 지 **名 胜 古 迹**	[míngshèng gǔjī]
공원	꿍 유안 **公 园**	[gōngyuán]
동물원	뚱 우 웬 **动 物 园**	[dòngwùyuán]
백화점	빠이 훠 °샹 디엔 **百 货 商 店**	[bǎihuò shāngdiàn]
요리점	°판 꽌 **饭 馆**	[fànguǎn] 또는 차이 꽌 **菜 馆** [càiguǎn]
영화관	디엔 잉 유안 **电 影 院**	[diànyíngyuàn]
극장	쥐 유안 **剧 院**	[jùyuàn] 쥐 창 **剧 场** [jùchǎng]

1. 有哪些好玩儿的地方

여우 나 씨에 하오 와얼 더 띠 팡
Yǒu nǎ xiē hǎo wánr de dì fang

1\. 金：北京有哪些好玩儿的地方？
뻬이 징 여우 나 시에 하오 와얼 더 띠 팡
Běi jīng yǒu nǎ xiē hǎo wánr de dì fang

中国人：颐和园、天坛都很好。
이 허 유안 티엔 탄 또우 헌 하오
Yí hé yuán Tiān tán dōu hěn hǎo

2\. 金：北京有哪些名菜馆？
뻬이 징 여우 나 씨에 밍 차이 꽌
Běi jīng yǒu nǎ xiē míng cài guǎn

3\. 金：哪条街最热闹？
나 탸오 지에 쭈이 러 나오
Nǎ tiáo jiē zuì rè nào

4\. 金：来到北京应该去哪些地方？
라이 따오 뻬이 징 잉 까이 취 나 씨에 띠 팡
Lái dào Běi jīng yīng gāi qù nǎ xiē dì fang

메모

수고했습니다

상대방에게 수고를 끼쳤을 때에 辛苦了(xīnkǔle 씬쿠러) 라고 말합니다. 단 한마디라도 수고를 따뜻하게 위로해 주는 말이 얼마나 상대의 기분을 부드럽게 할까요? 꼭 기억해 둡시다.

2. 반나절 밖에 시간이 없습니다.

1. 金 : 반나절 밖에 시간이 없는데, 어디에 가 보는 것이 좋습니까?

   中 : 동물원에 가보십시오.

2. 金 : 교통은 편리합니까?

   中 : 편리합니다./몹시 불편합니다.

3. 金 : 버스를 타면, 왕복 어느정도 걸립니까?

● 기억해두면 편리한 단어

버스	꿍 꿍 치 •처 公 共 汽 车	[gōnggòng qìchē]
트롤리 버스	우 꾸이 띠엔 •처 无 轨 电 车	[wúguǐ diànchē]
전차	띠엔 •처 电 车	[diànchē]
지하철	띠 티에 地 铁	[dìtiě]
자전거	쯔 씽 •처 自 行 车	[zìxíngchē]

※ 버스, 기차 등의 단어의 뒤에 "站"zhàn (짠) 을 붙이면, 정류소나 역의 뜻이 된다.

2. 只有半天时间

°즈 여우 빤 티엔 °스 지엔
Zhǐ yǒu bàn tiān shí jiān

1. 金：只有半天时间，去哪儿好？
°즈 여우 빤 티엔 °스 지엔 취 나얼 하오
Zhǐ yǒu bàn tiān shí jiān qù nǎr hǎo

中：去动物园吧。
취 뚱 우 유엔 바
Qù dòng wù yuán ba

2. 金：交通方便吗？
쟈오 퉁 °팡 삐엔 마
Jiāo tōng fāng biàn ma

中：方便。／不太方便。
°팡 삐엔 부 타이 °팡 삐엔
Fāng biàn Bú tài fāng biàn

3. 金：坐公共汽车，来回要多少时间？
쭤 꿍 꿍 °치 °처 ㄹ라이 후이 야오 뚸 °싸오 °스 지엔
Zuò gōng gòng qì chē lái huí yào duō shǎo shí jiān

메모

필담으로 공중탕에

호텔의 양식 목욕탕에는 아무래도 익숙하지 않다. 어떤 이유(口実！？)로, 거리의 공중탕에 갔다온 사람이 있었다. 사용된다고 예상된 회화를 종이에 쓴후, 그것을 의지해서 무사히 「귀환」. 「종이는 목욕탕에 들고 들어갈 수가 없어서, 등은 밀어달라고 할 수 없었다.」라고 애석해하는 이야기였다.

3. 걸어서 갈 수 있습니까?

1. 金: 인민공원은 멉(가깝습)니까?

中: 멉니다. / 멀지 않습니다.

2. 金: 걸어서 갈 수 있습니까?

中: 갈 수 있습니다. / 갈 수 없습니다.

3. 金: 걸어서 어느정도 걸립니까?

中: 15분 걸립니다.

● 기억해두면 편리한 단어

~시간	거 싸오 ˚스 ~个 小 时	[~ge xiǎoshí]
	거 ˚쭝 터우 ~个 钟 头	[~ge zhōngtóu]
~시간반	거 ˋ빤 싸오 ˚스 ~个 半 小 时	[~gebàn xiǎoshí]
	거 빤 ˚쭝 터우 ~个 半 钟 头	[~gebàn zhōngtóu]
~시간남짓	거 뚸 싸오 ˚스 ~个 多 小 时	[~ge duō xiǎoshí]
	거 뚸 ˚쭝 터우 ~个 多 钟 头	[~ge duō zhōngtóu]

3. 可以走着去吗

커 이 쩌우 저 취 마
Kě yǐ zǒu zhe qù ma

1. 金：人民公园远（近）吗？
°런 민 꿍 유안 유안 °진 마
Rén mín gōng yuán yuǎn jìn ma

中：远。／不远。
유안 뿌 유안
Yuǎn Bù yuǎn

2. 金：可以走着去吗？
커 이 쩌우 저 취 마
Kě yǐ zǒu zhe qù ma

中：可以。／不能。
커 이 뿌 넝
Kě yǐ Bù néng

3. 金：要走多少时间？
야오 쩌우 뚸 °싸오 °스 지엔
Yào zǒu duō shǎo shí jiān

中：要走十五分钟。
야오 쩌우 °스 우 °펀 °쭝
Yào zǒu shí wǔ fēn zhōng

메모

"走" 쩌우는 「걷다」이고, "跑" 파오가 「달리다」이다.

"走"에는 「걷다」의 뜻에서부터 「가다」「지금까지 있던 곳에서 떠났다」는 뜻이 있습니다.

4. 버스로 어떻게 갑니까?

1. 金：동물원에 가는 지하철이 있습니까?

   中：있습니다.

   中：없습니다. 동물원에 가려면 버스를 타야합니다.

2. 金：버스로 동물원까지 어떻게 가야 합니까?

   中：먼저 4번 버스로 아동병원에 가서, 다시 19번 버스로 바꾸어 탑니다.

3. 金：어디에서 바꿔 탑니까?

   中：아동병원에서입니다.

• 기억해두면 편리한 단어

~에 가다	到~ (따오)	[dao~]
~에서 ~까지	从~到~ (충 따오)	[cóng~dào~]
~에서 바꾸어 타다	在~换(倒)车 (짜이 화 따오 처)	[zài huàn (dǎo) chē]

쭤 꿍 꿍 ˚치 ˚처 쩐 머 취
4. 坐公共汽车怎么去
Zuò gōng gòng qì chē zěn me qù

여우 취 뚱 우 유안 더 띠 티에 마
1. 金：有去动物园的地铁吗？
Yǒu qù dòng wù yuán de dì tiě ma

여우
中：有。
Yǒu

메이 여우 ˚취 뚱 우 유안 쭤 꿍 꿍 ˚치 ˚처
中：没有，去动物园坐公共汽车。
Méi yǒu qù dòng wù yuán zuò gōng gòng qì chē

쭤 꿍 꿍 ˚치 ˚처 따오 뚱 우 유안 쩐 머
2. 金：坐公共汽车到动物园怎么
Zuò gōng gòng qì chē dào dòng wù yuán zěn me

취
去？
qù

씨엔 쭤 쓰 ˚루 꿍 꿍 ˚치 ˚처 짜이 얼 퉁 이
中：先坐四路公共汽车在儿童医
Xiān zuò sì lù gōng gòng qì chē zài ér tóng yī

유안 따오 ˚처 짜이 환 쭤 ˚스 지우 ˚루
院倒车。再（换）坐十九路。
yuàn dǎo chē Zài huàn zuò shí jiǔ lù

짜이 ˚선 머 띠 ˚팡 환 ˚처
3. 金：在什么地方换车？
Zài shén me dì fāng huàn chē

짜이 얼 퉁 이 유안
中：在儿童医院。
Zài ér tóng yī yuàn

5. 이 차는 갑니까?

1. 金：여기가 4번 버스정류장입니까?

 中：그렇습니다. /그렇지 않습니다.

2. 金：4번 버스정류장은 어디입니까?

3. 金：아동병원에 가는 것은 여기서 탑니까?

 中：여기서 탑니다. /그렇지 않습니다.

4. 金：이 차는 아동병원에 갑니까?

 中：갑니다. /가지 않습니다.

5. 金：아동병원까지는 얼마입니까?

● 기억해두면 편리한 단어

~에서 승차하다	짜이 °상 °처 在～上 车	[zài~shàngchē]
~에서 하차하다	짜이 쌰· °처 在～下 车	[zài~xiàchē]
차장	°서우 퍄오 유안 售 票 员	[shòupiàoyuán]

˚쩌 거 ˚처 취 마
5. 这 个 车 去 吗
Zhè ge chē qù ma

˚쩌얼 ˚스 부 ˚스 쓰 ˚루 꿍 꿍 ˚치 ˚처 ˚짠
1. 金：这儿 是 不 是 四 路 公 共 汽 车 站?
Zhèr shì bu shì sì lù gōng gòng qì chē zhàn

˚스 부 ˚스
中：是。／不 是。
shì Bú shì

쓰 ˚루 꿍 꿍 ˚치 ˚처 ˚짠 짜이 나얼
2. 金：四 路 公 共 汽 车 站 在 哪儿?
Sì lù gōng gòng qì chē zhàn zài nǎr

취 얼 퉁 이 유안 ˚스 짜이 ˚쩌얼 ˚상 ˚처 마
3. 金：去 儿 童 医 院 是 在 这儿 上 车 吗?
Qù ér tóng yī yuàn shì zài zhèr shàng chē ma

˚스 짜이 ˚쩌얼 ˚상 ˚처 부 ˚스
中：是 在 这儿 上 车。／不 是。
Shì zài zhèr shàng chē Bú shi

˚쩌 거 ˚처 취 얼 퉁 이 유안 마
4. 金：这 个 车 去 儿 童 医 院 吗?
Zhè ge chē qù ér tóng yī yuàn ma

취 부 취
中：去。／不 去。
Qù Bú qù

취 얼 퉁 이 유안 뚸 ˚싸오 치엔
5. 金：去 儿 童 医 院 多 少 钱?
Qù ér tóng yī yuàn.duō shǎo qián

6. ～에 도착하면 알려 주십시오.

1. 金：아동병원까지 아직 몇 정거장 남았습니까?

中：아직 두 정거장입니다.

2. 金：아동병원에 도착했습니까?

中：도착했습니다. /도착하지 않았습니다.

3. 金：다음 정거장은 아동병원입니까?

車：다음 정거장은 아동병원입니다.

中：(예, 그렇습니다. /아니오, 그렇지 않습니다.)

4. 金：나는 아동병원에서 내리려는데, 아동병원에 도착하면 알려주실 수 있습니까?

따오 러 까오 °수 워
6. 到 了～告 诉 我
Dào le gào sư wǒ

따오 얼 퉁 이 유안 하이 여우 지 °짠
1. 金：到 儿 童 医 院 还 有 几 站?
Dào ér tóng yī yuàn hái yǒu jǐ zhàn

하이 여우 량 °짠
中国人：还 有 两 站。
Hái yǒu liǎng zhàn

얼 퉁 이 유안 따오 러 마
2. 金：儿 童 医 院 到 了 吗?
Ér tóng yī yuàn dào le ma

따오 러 메이 여우 따오
中：到 了。／没 有 到。
Dào le Méi yǒu dào

쌰 이 °짠 °스 얼 퉁 이 유안 마
3. 金：下 一 站 是 儿 童 医 院 吗?
Xià yí zhàn shì ér tóng yī yuàn ma

쌰 이 °짠 °스 얼 퉁 이 유안
售：下 一 站 是 儿 童 医 院。
Xià yí zhàn shì ér tóng yī yuàn

°스 부 °스
中：（是。／不 是。）
Shì Bú shì

워 짜이 얼 퉁 이 유안 쌰 °처 따오 러 얼 퉁
4. 金：我 在 儿 童 医 院 下 车，到 了 儿 童
Wǒ zài ér tóng yī yuàn xià chē dào le ér tóng

이 유안 까오 °수 워 하오 마
医 院 告 诉 我 好 吗?
yī yuàn gào su wǒ hǎo ma

7. 이 길로 가는 겁니까?

1. 金：말씀좀 묻겠습니다만, 왕푸징 큰거리에 가려면 이 길로 가는 겁니까?

中：그렇습니다. 앞의 네거리를 북쪽으로 돌면 바로입니다.

2. 金：북쪽은 어느 방향입니까?

中：(손가락으로 가리키며) 저쪽 방향입니다.

金：고맙습니다.

기억해두면 편리한 단어

신호	홍 뤼 떵 **红 绿 灯**	[hónglǜdēng]
인도	°런 싱 따오 **人 行 道**	[rénxíngdào] 또는 삐엔 따오 便 道 [biàndào]
횡단보도	°런 싱 헝 따오 **人 行 横 道**	[rénxínghéngdào]
길을 건너다	꿔 마 루 **过 马 路**	[guò mǎlù]

7. 是走这条路吗

°스 저우 °쩌 탸오 °루 마
Shì zǒu zhè tiáo lù ma

1. 金：请 问，去 王 府 井 大 街 是 走 这 条 路 吗？
칭 원 취 왕 °푸 징 따 지에 °스 저우 °쩌 탸오 °루 마
Qíng wèn qù Wáng fǔ jǐng dà jiē shì zǒu zhè tiáo lù ma

中：对，前 边 十 字 路 口 向 北 拐 就 是。
뛔이 치엔 비엔 °스 °즈 루 커우 썅 뻬이 꽈이 지우 °스
Duì qián biān shí zì lù kǒu xiàng běi guǎi jiù shì

2. 金：北 边 是 哪 个 方 向？
뻬이 비엔 °스 나 거 °팡 썅
Běi biān shì nǎ ge fāng xiàng

中：那 个 方 向。
나 거 °팡 썅
Nà ge fāng xiàng

金：谢 谢。
씨에 세
Xiè xie

메모

넓은 길에는 "安全岛" ān quán dǎo 안, 츄엔, 따오가 있습니다. 차량진입금지구역이란 뜻입니다.

8. 저 거리입니까?

1. 金: (손가락으로 가리키며) 저 거리가 왕푸징 큰거리입니까

中: 그렇습니다. 왕푸징 큰거리입니다.

2. 金: 백화점은 어디에 있습니까?

中: 이 큰 길을 건너, 저 길을 따라 곧장 앞으로 가시면,

길 서쪽편이 백화점입니다.

메모

어느쪽이 어느쪽?

중국사람에게 길을 물으면, 종종 동서남북 등으로 가르쳐 줍니다. 이보다 더욱 정확히 가르쳐 줄 방법은 없다고 생각되지만, 지리에 익숙치 못한 외국인에게는 어려움이 옵니다. 그것은 대개 중국의 도시 대부분이 바둑판처럼 구획정리가 잘되어 있는데서 오는 습관일 것입니다.

나 탸오 지에 ˚스 마
8. 那 条 街 是 吗
Nà tiáo jiē shì ma

나 탸오 지에 ˚스 왕 ˚푸 징 따 지에 마
1. 金：那 条 街 是 王 府 井 大 街 吗？
Nà tiáo jiē shì Wáng fǔ jǐng dà jiē ma

뚜이 ˚스 왕 ˚푸 징 따 지에
中：对，是 王 府 井 大 街。
Duì shì Wáng fǔ jǐng dà jiē

빠이 훠 따 러우 짜이 나얼
2. 金：百 货 大 楼 在 哪儿？
Bǎi huò dà lóu zài nǎr

꿔 러 ˚쩌 탸오 마 루 ˚쑨 ˚저 나 탸오 루 이
中：过 了 这 条 马 路，顺 着 那 条 路 一
Guò le zhè tiáo mǎ lù shùn zhe nà tiáo lù yì

˚즈 왕 치엔 저우 빠이 훠 따 러우 짜이 루 시
直 往 前 走，百 货 大 楼 在 路 西。
zhí wàng qián zǒu bǎi huò dà lóu zài lù xī

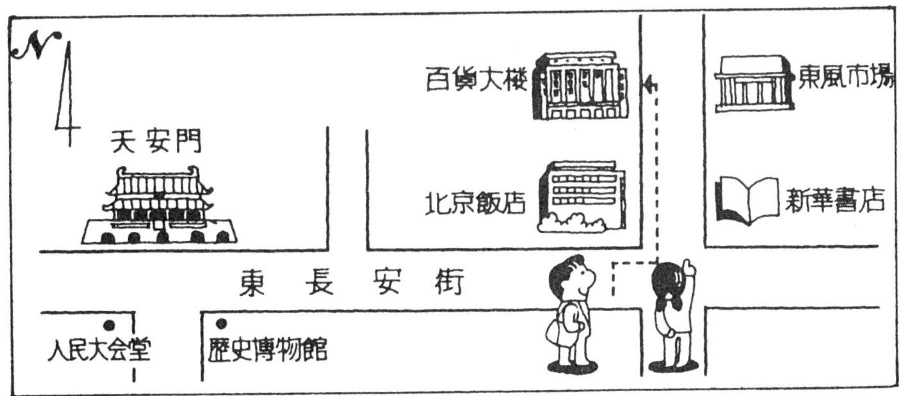

9. 나는 호텔에 돌아가렵니다.

1. 나는 민족호텔에 돌아가려는데 길을 모릅니다.

2. 민족호텔은 어느쪽 방향입니까?

3. 부근에 버스정류장이 있습니까?

4. 나를 버스정류장까지 안내해 주십시오.

5. 택시를 불러 주십시오.

메모

"洋馬"가 거리를 달리다

중국의 말은 키가 작은 몽고말이며 키가 큰 것을 외래종이라는 뜻으로 "洋马"양마라고 말합니다. 자전거도 수입품이었기 때문에, 成都에서는 "양마"라고 불리우고 있습니다. 이것이 広州에 가면「单車」로 됩니다. 단, 읽는 방법은 딴°처 글씨도 "单车"라고 씁니다. 모터가 붙은 2륜차는 아닙니다.

9. 我 要 回 饭 店

워 야오 후이 °판 띠엔
Wǒ yào huí fàn diàn

1. 워 야오 후이 민 쭈 °판 띠엔 부 °런 °스 °루
我 要 回 民 族 饭 店，不 认 识 路。
Wǒ yào huí mín zú fàn diàn bú rèn shí lù

2. 민 쭈 °판 띠엔 짜이 나 거 °팡 썅
民 族 饭 店 在 哪 个 方 向？
Mín zú fàn diàn zài nǎ ge fāng xiàng

3. °푸 진 여우 꿍 꿍 °치 °처 °짠 마
附 近 有 公 共 汽 车 站 吗？
Fù jìn yǒu gōng gòng qì chē zhàn ma

4. 칭 따이 워 따오 °처 °짠
请 带 我 到 车 站。
Qǐng dài wǒ dào chē zhàn

5. 칭 빵 워 °짜오 °추 쭈 °치 °처
请 帮 我 叫 出 租 汽 车。
Qǐng bāng wǒ jiào chū zū qì chē

1. 어디까지 가십니까?

1. 金：나는 차가 한 대 필요합니다.

2. 服：어디까지 가십니까?

金：먼저 왕푸징에 갔다, 다시 우의상점까지 갑니다.

3. 服：지금 필요합니까?

金：그렇습니다. 지금 필요합니다.

4. 服：8018호차를 타십시오.

● 기억해두면 편리한 단어

택시	出租汽车 (추 주 치 처)	[chūzū qìchē]
운전수	司机 (쓰 지)	[sījī]

1. 到 哪儿 去
따오 나얼 취
Dào nǎr qù

1. 金：我 要 一 辆 车。
워 야오 이 량 °처
Wǒ yào yí liàng chē

2. 服：到 哪儿 去？
따오 나얼 취
Daò nǎr qù

金：先 到 王 府 井，再 到 友 谊 商 店。
씨엔 따오 왕 °푸 징 짜이 따오 여우 이 °상 디엔
Xiān dào Wáng fǔ jǐng zài dào Yǒu yì shāng diàn

3. 服：现 在 要 吗？
씨엔 짜이 야오 마
Xiàn zài yào ma

金：对，现 在 要。
뛔이 씨엔 짜이 야오
Duì xiàn zài yào

4. 服：坐 8 0 1 8 号 车。
쭤 빠 리잉 이 빠 하오 °처
Zuò bā líng yī bā hào chē

메모

중국에는 일반 택시가 없어서 좀 불편합니다. 북경의 경우라면, 외국인이 묵는 호텔이나 우의상점에 부탁할 수가 있습니다. 신청할 때 차의 넘버를 가르쳐주기 때문에 요금이 선불일 경우도 있습니다. 특히 대기시킬 때에는 넘버를 잊어버리지 않도록 하십시오.

2. 나를 동물원까지 마중 나와 주십시오.

1. 운전수 : 몇 사람입니까? 왕복입니까?

金 : 한 사람입니다. 편도만 부탁합니다.

왕복은 필요없습니다.

金 : 왕복을 부탁합니다.

2. 金 : 차를 한대 보내어, 3시에 동물원 입구까지 나를 마중 나와 주십시오.

運 : 예 알겠습니다. 대금은 선불로 부탁합니다.

메 모

빵 型 車

중국에서 우리들은 "汽车"를 타고 거리를 돌아다닌다고 말해도 자동차이기 때문이지요. 한국의 「汽車」는 "火车"입니다. 승용차는 "小(轿)车" 쌰오(쟈오) 처, 대형버스는 "大(轿)车" 따(쟈오) 처. 그리고 마이크로버스는 "面包车", 직역하면 「빵型車」, 과연 빵의 모양을 하고 있습니다.

따오 뚱 우 유안 지에 워

2. 到动物园接我

Dào dòng wù yuán jiē wǒ

지 거 °런 야오 ㄹ라이 후이 마

司机：几 个 人？要 来 回 吗？

Jǐ ge rén yào lái huí ma

이 거 °런 °즈 야오 딴 °청 후이 ㄹ라이 부 야오 ㄹ러

金：一 个 人，只 要 单 程，回 来 不 要 了。

Yí ge rén zhǐ yào dān chéng huí lái bú yào le

야오 ㄹ라이 후이

金：要 来 回。

Yào lái huí

칭 파이 이 ㄹ량 °처 싼 디엔 따오 뚱 우 유안

2. 金：请 派 一 辆 车，三 点 到 动 物 园

Qǐng pài yí liàng chē sān diǎn dào dòng wù yuán

먼 커우 지에 워

门 口 接 我。

mén kǒu jiē wǒ

하오 더 칭 씨엔 °푸 콴

司：好 的，请 先 付 款。

Hǎo de qǐng xiān fù kuǎn

3. 차는 이곳에 세워 두겠습니다.

1. 金：기사님, 30분 지나서 돌아오겠으니 좀

기다려 주십시오.

2. 金：1시간 지나서 다시 마중나와 주십시오. 시간은 3시

10분입니다.

3. 金：기사님, 차는 어디에 세워둡니까?

運：차는 이곳에 세워두겠습니다.

메 모

미소짓는 "师傅"

"师傅" shīfu (°스 °푸)는 본래 「師匠」을 말하지만, 여러 가지 분야의 특수(주로 손끝의) 기술을 직업으로 하고 있는 사람에 대해서도 경의를 표하여 "师傅"라고 부르기 때문에 한국의 기능공은 "师傅" 입니다. 중국의 운전수, 요리사에게 "师傅"라고 부르면 대단히 기분좋게 여기고, 방긋 웃습니다.

°처 즈 지우 팅 짜이 °쩌 거 띠 °팡
3. 车子就停在这个地方
Chē zi jiù tíng zài zhè ge dì fāng

°스 °푸 꿔 싼 °스 °펀 °쭝 지우 후이 ㄹ라이 칭 떵
1. 金：师 傅，过 三 十 分 钟 就 回 来，请 等
Shī fu guò sān shi fēn zhōng jiù huí lái qǐng děng
이 쌰
一 下。
yí xià

칭 꿔 이 거 °쭝 터우 짜이 ㄹ라이 지에 워 °스 지엔
2. 金：请 过 一 个 钟 头 再 来 接 我，时 间
Qǐng guò yí ge zhōng tóu zài lái jiē wǒ shí jiān
°스 싼 디엔 °스 °펀
是 三 点 十 分。
shì sān diǎn shí fēn

°스 °푸 °처 즈 팅 짜이 썬 머 띠 °팡
3. 金：师 傅，车 子 停 在 什 么 地 方?
Shī fu Chē zi tíng zài shén me dì fāng
°처 즈 지우 팅 짜이 °쩌 거 띠 °팡
司：车 子 就 停 在 这 个 地 方。
Chē zi jiù tíng zài zhè ge dì fāng

메모

차도 오른쪽, 사람도 오른쪽

박물관에서나 볼 수 있는 골동품차가 지금도 중국의 거리를 달리고 있는 것을 자주 볼 수가 있는데, 그것을 보는 것도 중국여행의 하나의 즐거움입니다. 정말로 물건을 귀중하게 여기는 나라로구나 하고 감탄합니다.

그러나, 중국의 차를 타면 어쩐지 위화감을 느낍니다. 핸들이 왼쪽에 붙어, 차가 도로의 우측을 달리고 있기 때문입니다. 산보하러 밖에 나가실 때에는 차에 주의하십시오.

1. 무슨 물건이 가장 유명합니까?

1. 이곳에 무슨 물건이 가장 유명합니까?

2. 그것은 어떤 모양의 물건입니까?

3. 여기에서는 어떤 선물을 사는 것이 가장 좋습니까?

4. 나에게 써 주십시오.

5. 나는 지도를 사고 싶습니다.

● 기억해두면 편리한 단어

공예품	꿍 이 핀 工 艺 品	[gōngyìpǐn]
보석 · 장신구	°주 빠오 °서우 °스 珠 宝 首 饰	[zhūbǎo-shǒushì]
문방구	원 쥐 文 具	[wénjù]
악기	유에 치 乐 器	[yuèqì]
복장	°푸 °좡 服 装	[fúzhuāng]
담배 · 술	이엔 지우 烟 酒	[yān-jiǔ]
한방약	°쭝 야오 中 药	[zhōngyào]

°선 머 뚱 시 쭈이 여우 밍
1. 什么东西最有名
Shén me dōng xi zuì yǒu míng

°쩌 얼 °선 머 뚱 시 쭈이 여우 밍
1. 这儿什么东西最有名?
Zhèr shén me dōng xi zuì yǒu míng

나 °스 °선 머 양 더 뚱 시
2. 那是什么样的东西?
Nà shì shén me yàng de dōng xi

짜이 °쩌 얼 마이 °선 머 리 우 쭈이 하오
3. 在这儿买什么礼物最好?
Zài zhèr mǎi shén me lǐ wù zuì hǎo

칭 게이 워 씨에 이 씨에
4. 请给我写一写。
Qǐng gěi wǒ xiě yi xiě

워 샹 마이 띠 투
5. 我想买地图。
Wǒ xiǎng mǎi dì tú

메모

중국의 통화

중국의 통화는 "人民币(幣)" °런 민 삐 라고 말하며 단위는 元, 角(10銭), 分(銭) 입니다. 1元=10角 1角=10分. 1元은 890원 정도입니다.

일상적으로 보통 "元" 유엔을 "块" 콰이 "角" 쟈오를 "毛" 마오라고 말합니다.

중국의 평균임금은 60元 정도이니, 이것도 물가를 판단하는 기준이 됩니다.

2. 이것은 무엇이라 부릅니까 ?

1. 이것은 무엇이라고 부릅니까?

2. 이것은 무엇에 쓰이는 것입니까?

3. 무슨 재료로 만든 것입니까?

4. 이것은 이 지방의 특산물입니까?

5. 이것은 어느 곳의 생산품입니까?

● 기억해두면 편리한 단어

한국어	중국어 (발음)	병음
금	金 (•진)	[jīn]
은	银 (인)	[yín]
동	铜 (통)	[tóng]
옥	玉 (위)	[yù]
비취	翡 翠 (•페이 추이)	[fěicuì]
마노	玛 瑙 (마 나오)	[mǎnǎo]
상아	象 牙 (샹 야)	[xiàngyá]

2. 这 个 叫 什 么

°쩌 거 쟈오 °선 머
Zhè ge jiào shén me

°쩌 거 쟈오 °선 머
1. 这 个 叫 什 么?
Zhè ge jiào shén me

°쩌 거 쭤 °선 머 융
2. 这 个 做 什 么 用?
Zhè ge zuò shén me yòng

융 썬 머 쭤 더
3. 用 什 么 做 的?
Yòng shén me zuò de

°쩌 °스 뻰 띠 더 터 찬 마
4. 这 是 本 地 的 特 产 吗?
Zhè shì běn dì de tè chăn ma

°쩌 °스 나 리 더 찬 핀
5. 这 是 哪 里 的 产 品?
Zhè shì nă li de chăn pĭn

메모

외 화 권 wàihuìjuàn

1980년 4월 1일쯤, 중국은 외국에서 오는 단기체재객을 상대로 「外貨兌換券」을 발행했습니다. 이 "外汇券" 와이 후이 쥬안의 액면은 100元, 50元, 10元, 5元, 1元, 5角과 1角의 7종류가 있습니다.

외화의 국내에서의 유통을 금지하는 것이 주된 목적이라합니다. 외화상점 등 외화로 지불을 할 필요가 있을 때에는 이 「外貨券」으로 사용하며, 그밖에 「人民幣」로는 살 수 없는 중국제상품도 살 수가 있습니다.

3. 있습니까?

1. 金 : 단계 벼루는 어디에서 팝니까?

店 : 붓, 먹, 벼루는 모두 2층에 있습니다.

2. 金 : 여기에 단계 벼루가 있습니까?

3. 店 : 있습니다, 당신은 어떤 모양의 것을 원하십니까?

金 : 어떤 모양의 것이 있지요? 우선 저에게 좀 보여 주십시오.

● 기억해두면 편리한 단어

칠보	징 타이 란 景 泰 蓝	[jǐngtàilán]
부채	싼 즈 扇 子	[shànzi]
종이 오리기	지엔 즈 剪 纸	[jiǎnzhǐ]
사기그릇	츠 치 瓷 器	[cíqì]
칠기	치 치 漆 器	[qīqì]
조각	따오 커 雕 刻	[diāokè]

3. 有没有

여우 메이 여우
Yǒu méi yǒu

1. 金：端砚在哪儿卖？
뚜안 이엔 짜이 나얼 마이
Duān yàn zài nǎr mài

售货员：笔、墨、砚台都在二楼。
삐 모어 이엔 타이 떠우 짜이 얼 러우
Bǐ mò yàn tai dōu zài èr lóu

2. 金：这儿有没有端砚？
°쩌얼 여우 메이 여우 뚜안 이엔
Zhèr yǒu méi yǒu duān yàn

3. 售：有，你要什么样的？
여우 니 야오 썬 머 양 더
Yǒu nǐ yào shén me yàng de

金：有什么样的？先让我看一看。
여우 썬 머 양 더 씨엔 °랑 워 칸 이 칸
Yǒu shén me yàng de xiān ràng wǒ kàn yi kan

메모

琉璃厂（廠） Liúlíchǎng

북경의 "琉璃厂" 리́우 리́ °창̌은 옛날 문인들이 모이는 거리였습니다. 지금도 족자, 서화, 탁본, 골동품, 인재, 문방4보를 구하고져 하는 분은 반드시 이곳으로 갑니다. 도장방도 있습니다. 唐三彩의 말은 외국에서 온 관광객들이 늘 서로 다투어 사지만 모조품이라는 설명이 붙어 있습니다. 그 유명한 "荣宝斋" °룽 빠오 °자이도 이곳에 있습니다.

4. 저것을 나에게 보여 주십시오.

1. 저것을 나에게 보여 주십시오.

2. 좀 더 보여(골라)주십시오.

3. 이 두 개 중, 어느 것이 좋습니까?

   이것이 좋습니다. (모두 비슷합니다.)

4. 다른 것이 또 있습니까? 좀 바꾸어 주십시오.

● 기억해두면 편리한 단어

테이블보	台(타이) 布(뿌)	[táibù]
목도리 · 스카프	头(터우) 巾(진)	[tóujīn]
손수건	手(서우) 绢(쥬엔)	[shǒujuàn]
브로우치	饰(스) 针(쩐)	[shìzhēn] (胸(숑) 针(쩐) [xiōngzhēn])
자수	刺(츠) 绣(시우)	[cìxiù]
꽃문변	花(화) 边(비엔)	[huābiān]

빠 나 거 게이 워 칸 칸
4. 把 那 个 给 我 看 看
Bǎ nà ge gěi wǒ kàn kan

빠 나 거 게이 워 칸 칸
1. 把 那 个 给 我 看 看。
Bǎ nà ge gěi wǒ kàn kan

°짜이 °랑 워 탸오 이 탸오
2. 再 让 我 挑 一 挑。
Zài ràng wǒ tiāo yi tiao

°쩌 량 거 나 거 하오
3. 这 两 个 哪 个 好?
Zhè liǎng ge nǎ ge hǎo

°쩌 거 하오 또우 °차 부 뚸
这 个 好。(都 差 不 多。)
Zhè ge hǎo Dōu chà bu duō

비에 더 하이 여우 마 게이 워 환 이 환
4. 别 的 还 有 吗? 给 我 换 一 换。
Bié de hái yǒu ma Gěi wǒ huàn yi huan

5. 나는 필요없습니다.

1. 이것은 너무 큽니다.

2. 이것은 너무 비쌉니다.

3. 싼 것이 없습니까?

4. 이것은 나는 좋아하지 않습니다.

5. 고맙습니다만, 나는 필요없습니다.

● 기억해두면 편리한 단어

크다(작다)	따 大	[dà]	(싸오 小	[xiǎo])
길다(짧다)	창 长	[cháng]	(돤 短	[duǎn])
폭이 넓다(좁다)	콴 宽	[kuān]	(짜이 窄	[zhǎi])
두껍다(얇다)	허우 厚	[hòu]	(빠오 薄	[báo])
(색깔이) 진하다(엷다)	썬 深	[shēn]	(치엔 浅	[qiǎn])
몹시 (크다)	타이 太 (따 大)	[tài] ([dà])		
퍽, 매우	헌 很～	[hěn ～]		

5. 我不要了
워 부 야오 러
Wǒ bú yào le

1. 这个太大。
°쩌 거 타이 따
Zhè ge tài dà

2. 这个太贵。
°쩌 거 타이 꾸이
Zhè ge tài guì

3. 有没有便宜的?
여우 메이 여우 피엔 이 더
Yǒu méi yǒu pián yi de

4. 这个我不喜欢。
°쩌 거 워 뿌 시 환
Zhè ge wǒ bù xí huān

5. 谢谢你, 我不要了。
씨에 세 니 워 부 야오 러
Xiè xie nǐ wǒ bú yào le

메모

실크·로드를 "丝绸之路" °스 °처우 즈 루라고 부르고 있는데, 사실적으로 말하면 현재의 "丝绸"라고 하는 개념에는 화섬제품도 포함되어 있는 것입니다. 그리고 견직물의 총칭으로서 "绸缎"이라는 말이 있습니다. 첫번째의 글자는 "绸子", 엷은 견을 가리키고, 뒤의 글자가 무늬가 있는 비단으로서 "缎子"라고 말합니다. 또한 면직물은 "棉布" 미엔 뿌입니다. 길이의 단위 미-터 : 米 Mǐ 미

6. 나는 이것을 주십시오.

1. 이것을 주십시오.

2. 그것은 필요없습니다.

3. 다섯개 주십시오.

4. 같은 것을 주십시오.

5. 다른 것을 주십시오.

● 기억해두면 편리한 단어

인민복	°런 민 °푸 人 民 服	[rénmínfú]
헝겊신	뿌 시에 布 鞋	[bùxié]
(무명) 책가방	뿌 °수 빠오 (布) 书 包	[(bù) shūbāo]
만년필	깡 삐 钢 笔	[gāngbǐ]
중국장기	썅 치 象 棋	[xiàngqí]
레코드	창 피엔 唱 片	[chàngpiān]
해금	후 二 胡	[èrhú]

6. 我 要 这 个
워 야오 °쩌 거
Wǒ yào zhè ge

1. 我 要 这 个
워 야오 °쩌 거
Wǒ yào zhè ge

2. 那 个 不 要 了。
나 거 부 야오 러
Nà ge bú yào le

3. 我 要 五 个。
워 야오 우 거
Wǒ yào wǔ ge

4. 我 要 一 样 的。
워 야오 이 양 더
Wǒ yào yí yàng de

5. 我 要 不 一 样 的。
워 야오 뿌 이 양 더
Wǒ yào bù yí yàng de

메모

구두와 모자는 같은 가게

중국에서는 구두와 모자를 같은 점포에서 팔고 있는데 "鞋帽店" xiémào diàn 씨에 마오 디엔이라 합니다. 또한 모자를 쓰는 동작을 "戴" 따이라 말하고, 구두를 신는 동작을 "穿" 촨 이라고 합니다. 재미있는 것은 옷을 입는 것도, 바지를 입는 것도 모두 촨입니다.

7. (값이) 얼마입니까?

1. 金 : 하나에 얼마입니까?

2. 金 : 모두 얼마입니까?

 店 : 8원 25전입니다.

3. 店 : 1원 75전의 거스름 돈과, 이것은 영수증입니다.

4. 金 : (이것과 이것을) 같이 싸주십시오.

(필터가 붙은) 담배	꿔 뤼 쭈이 썅 이엔 (过 滤 嘴)香 烟	[(guòlǜzuǐ) xiāngyān]
살담배, 잘게 썬 담배	이엔 쓰 烟 丝	[yānsī]
잎담배	슈에 쟈 雪 茄	[xuějiā]
담배 세트	이엔 쥐 烟 具	[yānjù]
차잎	•차 이예 茶 叶	[cháyè]
차도구	•차 쥐 茶 具	[chájù]
향기, 향내나다	샹 香	[xiāng]

뚸 °싸오 치엔

7. 多 少 钱

Duō shǎo qián

이 거 뚸 °싸오 치엔
1. 金：一 个 多 少 钱？
Yí ge duō shǎo qián

이 꿍 뚸 °싸오 치엔
2. 金：一 共 多 少 钱？
Yí gòng duō shǎo qián

빠 콰이 량 마오 우
售：八 块 两 毛 五。
Bá kuài liǎng máo wǔ

짜오 니 이 콰이 치 마오 우 °쩌 °스 °파 퍄오
3. 售：找 你 一 块 七 毛 五，这 是 发 票。
Zhǎo nǐ yí kuài qī máo wǔ zhè shi fā piào

칭 빠 °쩌 거 허 °쩌 거 빠오 짜이 이 치
4. 金：请（把 这 个 和 这 个）包 在 一 起。
Qǐng bǎ zhè ge hé zhè ge bāo zài yì qǐ

메 모

돈을 세는 법

중간의 단위수가 ○일 때는 "零"을 하나 넣습니다. 두 개 이상의 단위가 있을 때는, 최후에 올 단위를 생략할 수가 있습니다(단위의 읽는 방법은 P. 123 참조).

（1）3.00元：三块。0.40元：四毛。0.05元：5分。

（2）4.56元：四块五毛六（分）。6.70元：六块七（毛）。0.89元：八毛九（分）。

（3）5.06：五块零六（分）。320.05元：三百二十块零五（分）。

8. 차이나 드레스

1. 이 차이나 드레스는 색이 좋지 않군요.

2. 색이 좀 진한(엷은)데요.

3. 좀 빨간데요, 남색 것이 좋습니다.

4. 모양도, 색도 모두 매우 보기 좋습니다.

5. 모양이 좋지 않습니다.

6. 좀 큽니다.(옹색한 모양).

● 기억해두면 편리한 단어

노랑(황색)	황 써 黄 色	[huáng sè]
녹색	뤼 써 绿 色	[lǜ sè]
자주빛 색	°즈 써 紫 色	[zǐ sè]
흰색	빠이 써 白 色	[bái sè] (黑、茶는 P60)
회색	후이 써 灰 色	[huī sè]
오렌지 색	청 황 써 橙 黄 色	[chénghuáng sè]
핑크색	°펀 홍 써 粉 红 色	[fěnhóng sè]

8. 旗袍

치 파오

Qí páo

1. °쩌 지엔 치 파오 이엔 써 뿌 하오
这件旗袍颜色不好。
Zhè jiàn qí páo yán sè bù hǎo

2. 이엔 써 °선 치엔 러 이 디엔
颜色深（浅）了一点。
Yán sè shēn qiǎn le yì diǎn

3. 홍 러 이 디엔 란 써 더 하오
红了一点，蓝色的好。
Hóng le yì diǎn lán sè de hǎo

4. 양 즈 이엔 써 또우 헌 하오 칸
样子、颜色都很好看。
Yàng zi yán sè dōu hěn hǎo kàn

5. 화얼 뿌 하오
花儿不好。
Huār bù hǎo

6. °페이 써우 러 이 디엔
肥（瘦）了一点。
Féi shòu le yì diǎn

9. 나는 도장을 파고 싶습니다.

1. 나는 도장을 파고싶습니다만.

2. 이것은 무슨 재료입니까?

3. 글자체 견본을 좀 보여주십시오.

4. 언제 조각이 될 수 있습니까? ※바쁠때는 p. 57참조

5. 인주를 주십시오.

● 기억해두면 편리한 단어

치솔	야 °쏴 牙 刷	[yáshuā]
치약	야 까오 牙 膏	[yágāo]
면도칼	꽈 쉬 따오 刮 须 刀	[guāxūdāo]
손톱깎기	°즈 쟈 따오 指 甲 刀	[zhījiadāo]
가위	지엔 따오 剪 刀	[jiǎndāo]
가루비누	시 이 °펀 洗 衣 粉	[xǐyīfěn]

9. 我想刻图章

워 썅 커 투 °짱

Wǒ xiǎng kè tú zhāng

1. 워 썅 커 투 °짱
   我想刻图章。
   Wǒ xiǎng kè tú zhāng

2. °쩌 °스 °선 머 차이 랴오
   这是什么材料？
   Zhè shì shén me cái liào

3. 게이 워 칸 칸 °쯔 티 더 양 뻔
   给我看看字体的样本。
   Gěi wǒ kàn kan zì tǐ de yàng běn

4. °선 머 °스 허우 넝 커 하오
   什么时候能刻好。
   Shén me shí hou néng kè hǎo

5. 게이 워 이 허 인 니
   给我（一盒）印泥。
   Gěi wǒ yì hé yìn ní

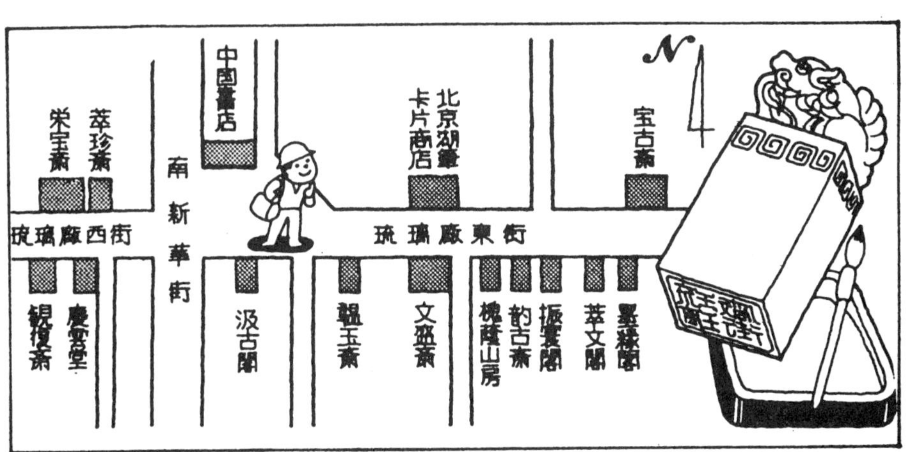

1. 항공편으로 부칩니다.

1. 服：이 엽서는 항공편으로 부칠 것입니까, 아니면 보통으로 부칠 것입니까?

金：항공편으로 부칩니다.

2. 服：이 편지는 항공편으로 부칠 것입니까?

金：예, 항공편입니다. /아니오, 보통편입니다.

3. 服：항공부전지를 붙여주십시오. 풀은 거기에 있습니다.

● 기억해두면 편리한 단어

(기념)우표	지 니엔 여우 퍄오 (纪 念)邮 票	[(jìniàn) yóupiào]
항공우편	꿔 지 항 쿵 여우 지엔 国 际 航 空 邮 简	[guójì hángkōng yóujiǎn]
편지봉투	씬 펑 信 封	[xìnfēng]
포스트 ,사서함	씬 썅 信 箱	[xìnxiāng]

지 항 쿵
1. 寄 航 空
Jì háng kōng

°쩌 °장 밍 씬 피엔 °스 지 항 쿵 하이 °스 지
1. 服：这 张 明 信 片 是 寄 航 空 还 是 寄
Zhè zhāng míng xìn piàn shì jì háng kōng hái shì jì

푸 퉁
普 通？
pǔ tōng

지 항 쿵
金：寄 航 空。
Jì háng kōng

°쩌 °펑 씬 °스 지 항 쿵 마
2. 服：这 封 信 是 寄 航 空 吗？
Zhè fēng xìn shì jì háng kōng ma

뛔이 지 항 쿵 뿌 지 푸 퉁
金：对， 寄 航 空。／ 不， 寄 普 通。
Duì jì háng kōng Bù jì pǔ tōng

칭 티에 °상 항 쿵 치엔 나얼 여우 쟝 후
3. 服：请 贴 上 航 空 签， 那儿 有 浆 糊。
Qǐng tiē shang háng kōng qiān nàr yǒu jiàng hú

메모

편지의 양사는 "封"fēng(°펑), 엽서와 우표는 "张" zhāng(°장), 셋트로 그림엽서를 살 때는 "套" tào(타오)라고 말합니다.

2. 한국으로 보내는 것은 얼마입니까?

1. 金 : 한국으로 부치는 편지는 얼마입니까?

2. 金 : 이 편지는 좀 무거운데, 60전으로 충분합니까?

服 : 내가 좀 달아봅시다.

3. 服 : 이 편지는 중량이 오-버입니다. 90전입니다.

服 : (60전으로) 충분합니다. / (60전으로) 모자랍니다.

메 모

한국으로의 속달은 없습니다. 항공편은 북경, 상해 등 대도시에서 보내는 편이 빨리 한국에 도착합니다. 「航空」이라고 쓰는 것을 잊지않도록 합시다 .

2. 往韓国寄多少钱

왕 한 꿔 지 뛰 ˚싸오 치엔
Wàng Hán guó jì ˙duō shǎo qián

1. 왕 한 꿔 지 씬 뛰 ˚싸오 치엔
金：往韓国寄信多少钱？
Wàng Hán guó jì xìn duō shǎo qián

2. ˚쩌 ˚펑 씬 여우 디엔 ˚쭝 ㄹ리우 마오 꺼우 마
金：这封信有点重，六毛够吗？
Zhè fēng xìn yǒu diǎn zhòng liù máo gòu ma

˚랑 워 청 이 청
服：（让）我称一称。
Ràng wǒ chēng yi chēng

3. ˚쩌 ˚펑 씬 ˚차오 ˚쭝 지우 마오
服：这封信超重，九毛。
Zhè fēng xìn chāo zhòng jiǔ máo

ㄹ리우 마오 꺼우 ㄹ러 ㄹ리우 마오 부 꺼우
服：（六毛）够了。／（六毛）不够。
liù máo gòu le liù máo bú gòu

3. 여기에서 책을 부칠 수 있습니까?

1. 金 : 여기에서 한국으로 책을 부칠 수 있습니까?

2. 服 : 부칠 수 있습니다만,우리들에게 먼저 좀 보여 주십시오. 여기에 가져와서 포장해 주세요. /보낼 수 없습니다.

3. 服 : (내용물을 확인한뒤) 됐습니다. 그것을 포장해 주십시오.

金 : (포장을 하고나서) 이렇게 하면 됩니까?

● 기억해두면 편리한 단어

소포 　 包裹(빠오 궈) [bāoguǒ]

※ 소포를 접수하지 않는 곳도 있습니다. 속안에 들어 있는 물건을 조사합니다. 책이면 두꺼운 포장지, 끈, 소포라면 천, 바늘 등의 7가지 도구를 자기가 준비하지 않으면 안됩니다. (広州)와 같이 포대를 팔고있는 우체국도 있습니다.

°쩌얼 넝 지 °수 마
3. 这儿 能 寄 书 吗
Zhèr néng jì shū ma

°쩌얼 넝 왕 한 꿔 지 °수 마
1. 金：这儿 能 往 韓 国 寄 书 吗？
Zhèr néng wàng Hán gúo jì shū ma

넝 부 꿔 씨엔 °랑 워 먼 칸 이 쌰 야오 나
2. 服：能，不 过 先 让 我 们 看 一 下，要 拿
Néng bú guò xiān ràng wǒ men kàn yi xià yào ná

따오 °쩌얼 빠오 뿌 넝
到 这儿 包。/不 能。
dào zhèr bāo bù néng

하오 러 칭 빠 타 빠오 치 라이
3. 服：好 了，请 把 它 包 起 来。
Hǎo le qǐng bǎ tā bāo qǐ lai

°쩌 양 커 이 마
金：这 样 可 以 吗？
Zhè yàng kě yǐ ma

메모

요일을 말하는 법

요일은 "星期" xīng qī 씽치를 사용. 월요일에서 토요일까지는 "星期"의 뒤에 1에서 6까지의 숫자를 붙인다.

星期一（月）、星期二（火）、星期三（水）、星期四（木）、星期五（金）、星期六（土）、星期日（日）

星期几（치ˇ이）？——**星期日**（°ˋ르） （몇요일？——日曜日）

几星期？——两星期 （몇주간？——2주간）

4. 등기로 합니까?

1. 金 : 얼마짜리 우표를 붙여야 됩니까?

2. 服 : 등기로 합니까?

金 : 합니다. /하지 않습니다.

3. 服 : 이 서류에 기입해 주십시오.

4. 服 : 위에 「인쇄물」이라고 몇 자 써주십시오.

메모

등기는 그리 비싸지는 않지만, 항공편으로 책을 보내려면 비싸게 칩니다. 보통편이라면 선편이 되기 때문에 1개월 정도 걸립니다. 등기로 보낼 경우는 운송품의 내용물, 가격, 수취인 등을 서류에 기입합니다. 서적 이외의 물건은 세관검사를 받는 일도 있으니 충분히 알아보고 보냅시다.

4. 要挂号吗

야오 꽈 하오 마
Yào guà hào ma

1. 金：要贴多少邮票？
야오 티에 뚸 ˚싸오 여우 파오
Yào tiē duō shǎo yóu piào

2. 服：要挂号吗？
야오 꽈 하오 마
Yào guà hào ma

金：要。／不用。
야오 부 융
Yào Bú yòng

3. 服：请填这个单子。
칭 티엔 쩌 거 딴 즈
Qǐng tián zhè ge dān zi

4. 服：上面请写上"印刷品"几个字。
˚상 미엔 칭 시에 ˚상 인 ˚솨 핀 지 거 ˚즈
Shàng miàn qǐng xǐe shang "yìn shuā pǐn" jǐ ge zì

메모

등기와 접수를 같이 말하는 법

"挂号"꽈 하오는 등기로 보내는 일. 본래는 서류등을 정리할 때, 넘버－등록을 하는 일입니다. 병원의 예약·접수도 "挂號"라 말하며, 이 수속은 "挂号室"꽈, 하오, ˚스에서 합니다. 초진일 때에 "挂号证"꽈 하오 ˚정(診察券)을 건내줍니다.

5. 전보는 어디에서 칩니까?

1. 金 : 전보는 어디에서 칩니까?

服 : 우체국입니다.

服 : 1층입니다만, 벌써 문을 닫았습니다.

2. 服 : 전보를 치려면 전보국까지 가야합니다.

호텔안에서는 전보를 칠 수 없습니다.

메모

각 호텔에 따라서, 각기 시스템이 다릅니다. 우체국에서 전보를 접수하는 곳도 있는가 하면, 전보국의 출장소가 호텔안에 설치되어 있는 곳도 있습니다.

국제전보는 로-마자로 씁니다. 한자로도 칠 수 있지만, 4단위의 숫자로 되어 계출되고 있기 때문에, 사실상 사용하지 않습니다.

5. 拍电报在什么地方

파이 띠엔 빠오 짜이 °선 머 띠 °팡

Pāi diàn bào zài shén me dì fang

1. 金：拍电报在什么地方？

파이 띠엔 빠오 짜이 °선 머 띠 °팡

Pāi diàn bào zài shén me dì fang

服：在邮局。

짜이 여우 쥐

Zài yóu jú

服：在一楼，可是已经关门了。

짜이 이 러우 커 °스 이 징 꽌 먼 러

Zài yī lóu kě shi yǐ jing guān mén le

2. 服：拍电报要到电报局，饭店里不能打电报。

파이 띠엔 빠오 야오 따오 띠엔 빠오 쥐 °판 띠엔 리 뿌 넝 따 띠엔 빠오

Pāi diàn bào yào dào diàn bào jú fàn diàn lí bù néng dǎ diàn bào

6. 보통 전보로 해도 괜찮습니다.

1. 金 : (창구에서) 국제전보는 여기에서 칩니까?

服 : 예, 여깁니다.

2. 金 : 전보용지를 한 장 주십시오.

3. 金 : 나는 지급전보로 해주세요. 도착이 빠르면 빠를수록 좋겠습니다.

4. 金 : 이 전보는 바쁘지 않으니, 보통전보로 해도 괜찮습니다.

● 기억해두면 편리한 단어

보통전보(ORDINARY)	푸 퉁 띠엔 빠오 普 通 申 报	[pǔtōng diànbào]
서신전보(LT)	°수 씬 띠엔 빠오 书 信 申 报	[shūxìn diànbào]
지급전보(URGENT)	쟈 지 띠엔 빠오 加 急 申 报	[jiājí diànbào]
사진전보	°촨 °쩐 띠엔 빠오 传 真 电 报	[chuánzhēn diànbào]
수신인	°서우 빠오 °런 收 报 人	[shōubào rén]
발신인	°파 빠오 °런 发 报 人	[fābào rén]
번지	띠 °즈 地 址	[dìzhǐ]

6. 拍普通电报就行了

파이 푸 통 띠엔 빠오 지우 싱 ㄹ러
Pāi pǔ tōng diàn bào jiù xíng le

1. 金：拍 國 际 电 报 是 在 这儿 吗?
파이 궈 지 띠엔 빠오 °스 짜이 °쩌얼 마
Pāi guó jì diàn bào shì zài zhèr ma

服：对，是 在 这儿。
뚜이 °스 짜이 °쩌얼
Duì shì zài zhèr

2. 金：请 给 我 一 张 电 报 纸。
칭 게이 워 이 °장 띠엔 빠오 °즈
Qǐng gěi wǒ yì zhāng diàn bào zhǐ

3. 金：我 拍 加 急 电 报，到 得 越 快 越 好。
워 파이 쟈 지 띠엔 빠오 따오 더 유에 콰이 유에 하오
Wǒ pāi jiā jí diàn bào dào de yuè kuài yuè hǎo

4. 金：这 封 电 报 不 急，拍 普 通 电 报 就 行 了。
°쩌 °펑 띠엔 빠오 뿌 지 파이 푸 퉁 띠엔 빠오 지우 싱 ㄹ러
Zhè fēng diàn bào bù jí pāi pǔ tōng diàn bào jiù xíng le

메 모

우편의 기원

중국의 우편업무는 1866년 청국세관의 관할에서 발족하여, 신해혁명의 해인 1911년에 독립하였음. 전보국에 대해서는, 1880년에 李鴻章이 설립하였다는 설도 있습니다.

1. 국제전화는 어떻게 걸지요?

1. 金：국제전화를 걸려고 하는데, 도와줄 수 있습니까?

服：예, 이 신청서에 기입해 주십시오.

2. 服：다 쓰셨으면 방에서 기다려 주세요. 밖에 나가지 마십시오.

3. 金：어느정도 기다려야 합니까?

服：7,8분입니다.

4. 金：(만약) 내가 직접 국제전화를 걸려면 어떻게 하면 됩니까?

服：교환대를 불러주십시오.

5. 金：교환대는 몇번입니까?

服：9번을 돌리면 바로 교환대가 나옵니다. /수화기를 들면 바로 교환대가 나옵니다.

꿔 지 띠엔 화 쩐 머 따
1. 国 际 电 话 怎 么 打
Guó jì diàn huà zěn me dǎ

워 야오 꽈 궈 지 띠엔 화 커 이 빵 워 망 마
1. 金：我 要 挂 国 际 电 话，可 以 帮 我 忙 吗？
Wǒ yào guà guó jì diàn huà kě yǐ bāng wǒ máng ma

커 이 칭 니 티엔 °쩌 거 딴 즈
服：可 以，请 你 填 这 个 单 子。
Kě yǐ qǐng nǐ tián zhè ge dān zi

티엔 하오 러 짜이 °팡 지엔 떵 부 야오 °추 °취
2. 服：填 好 了 在 房 间 等，不 要 出 去。
Tián hǎo le zài fáng jiān děng bú yào chū qu

야오 떵 뚸 지우
3. 金：要 等 多 久？
Yào děng duō jiǔ

치 빠 °펀 °쭝
服：七 八 分 钟。
Qī bā fēn zhōng

야오 °스 쯔 지 따 꿔 지 띠엔 화 쩐 머 따
4. 金：(要 是)自 己 打 国 际 电 话 怎 么 打？
Yào shi zì jǐ dǎ guó jì diàn huà zěn me dǎ

야오 쭝 지
服：要 总 机。
Yào zǒng jī

쭝 지 °스 뚸 °싸오 하오
5. 金：总 机 是 多 少 号？
Zǒng jī shi duō shǎo hào

뽀어 지우 지우 °스 쭝 지 나 치 화 퉁
服：拨 九 就 是 总 机。／拿 起 话 筒
Bō jiǔ jiù shi zǒng jī Ná qǐ huà tǒng

지우 °스 쭝 지
就 是 总 机。
jiù shi zǒng jī

2. 서울을 부탁합니다.

1. 金 : 여보세요, 교환입니까? 국제전화를 부탁 합니다.

2. 交換 : 어디로 겁니까?

金 : 한국, 서울을 부탁합니다.

3. 交 : 선생님의 성명과 방 번호를 가르쳐 주십시오.

金 : 나는 김일입니다. K-I-M, I-L,

802호실입니다.

메 모

장 거 리 전 화

중국에서 시외전화는 "氏途申活" 창́ 투́ 띠̀엔̀화 (장거리전화)라 합니다. 「국제전화」 전용의 신청서를 두고 있지 않은 호텔도 있습니다.

야오 한 ˚청

2. 要 漢 城

Yào Hàn Chéng

웨이 ˚스 쭝 지 마 워 야오 따 궈 지 띠엔 화

1. 金：喂，是 总 机 吗？我 要 打 国 际 电 话。

Wéi shi zǒng jī ma wǒ yào dǎ guó jì diàn huà

왕 나얼 따

2. 总机：往 哪儿 打？

Wàng nǎr dǎ

야오 한 궈 한 청

金：要 韓 国 漢 城。

Yào Hán guó Hàn Chéng

칭 까오 쑤 워 닌 더 씽 밍 허 ˚팡 지엔 하오

3. 总：请 告 诉 我 您 的 姓 名 和 房 间 号

Qǐng gào su wǒ nín de xìng míng he fáng jiān hào

마

码。

mǎ

워 ˚짜오 찐 이

金：我 叫 金 一。

Wǒ jiào Jīn Yī

빠 링 얼 하오 ˚팡 지엔

八 零 二 号 房 间。

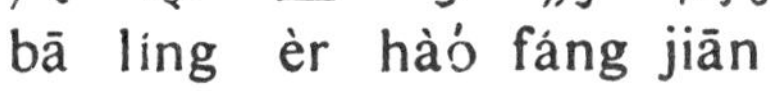

bā líng èr hào fáng jiān

3. 수화기를 내려놓고 기다려 주십시오.

1. 交：상대방의 전화번호와 성명은 어떻게 됩니까?

金：03-123-4567, Mrs 박입니다.

2. 交：상대방의 전화는 03-123-4567, 성명은 Mrs.

박, 맞습니까?

金：맞습니다.

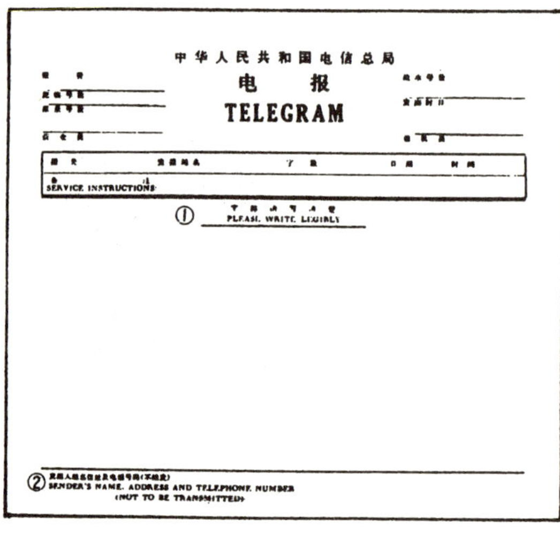
중华人民共和国电信总局

电 报

TELEGRAM

SERVICE INSTRUCTIONS

① PLEASE WRITE LEGIBLY

② SENDER'S NAME, ADDRESS AND TELEPHONE NUMBER (NOT TO BE TRANSMITTED)

電報用紙

① 글씨는 정확하게 써주십시오

② 발신자 성명, 주소 및 전화번호

3. 请挂上电话等

칭 꽈 °상 띠엔 화 떵

Qǐng guà shang diàn huà děng

1. 总：对方的电话號码和姓名呢？
뚜이 °팡 더 띠엔 화 하오 마 허 씽 밍 너
Duì fāng de diàn huà hào mǎ he xìng míng ne

金：零三——一二三——四五六七，找 Mrs. Park
링 싼 이 얼 싼 쓰 우 리우 치 짜오
Líng sān yī èr sān sì wǔ liù qī zhǎo

2. 总：对方的电话是零三——一二三四五六七，姓名是 Mrs. Park，对吗？
뚜이 °팡 더 띠엔 화 °스 링 싼 이 얼 싼 쓰 우 리우 치 씽 밍 °스 뚜이 마
Duì fāng de diàn huà shi líng sān yī èr sān sì wǔ liù qī xìng míng shi duì ma

金：对。
뚜이
Duì

長距離電話申込書

① Booking Ticket of Long Distance Telephone Call
No. Date
② Please write in Chinese or in English in block letters
③ Destination (city and country)
④ Telephone No. or organization of called party
⑤ Name of called party
⑥ Name of caller
⑦ Room No. of caller
⑧ Collect or paid call
⑨ Wanted duration
⑩ Following will be filled by Operator

① 장거리전화신청서
② 중문 또는 영문의 해서로 기입해 주십시오.
③ 대화국 및 도시명
④ 상대방의 전화번호 또는 전화연락처
⑤ 수신자 성명
⑥ 발신자 성명
⑦ 발신자 룸 넘버
⑧ 수신자 지불 아니면 발신자 지불
⑨ 예정통화시간
⑩ 이하는 담당자가 기입하다

4. 콜렉트 콜입니다.

1. 交 : 본인 지불입니까, 아니면 상대방 지불입니까?

金 : 미안합니다. 잘 듣지 못했습니다.
다시한번 말씀해 주십시오.

2. 交 : 요금은 당신이 지불합니까, 아니면
상대방이 냅니까?

대 金 : 내가 지불합니다. /콜렉트 콜(상대방)입니다.

3. 交 : 네, 그럼 수화기를 내려놓고 잠깐 기다려 주십시오.

뚜이 °팡 °푸
4. 对 方 付
Duì fāng fù

°스 쯔 °푸 하이 °스 뚜이 °팡 °푸
1. 总：是 自 付 还 是 对 方 付?
Shì zì fù hái shi duì fāng fù

뚜이 뿌 치이 메이 팅 칭 칭 짜이 °숴 이 비엔
金：对 不 起，没 听 清，请 再 说 一 遍。
Duì bu qǐ méi tīng qīng qǐng zài shuō yí biàn

치엔 °스 닌 °푸 하이 °스 뚜이 °팡 °추
2. 总：钱 是 您 付 还 是 对 方 出?
Qián shi nín fù hái shi duì fāng chū

워 쯔 지 °푸 뚜이 °팡 °푸
金：我 自 己 付。 ／ 对 方 付。
Wǒ zì jǐ fù Duì fāng fù

하오 칭 꽈 °상 띠엔 화 떵 이 샤
3. 总：好，请 挂 上 电 话 等 一 下。
Hǎo qǐng guà shang diàn huà děng yi xià

5. 이야기가 끝났습니까?

1. 交 : 여보세요, 김일 선생입니까?

金 : 예, 맞습니다. 접니다.

2. 交 : 신청하신 서울 전화가 나왔습니다. 말씀 하십시오.

金 : 고맙습니다. …여보세요

3. 交 : 전화가 끝났습니까?

金 : 끝났습니다.

4. 金 : 몇 분 되었습니까, 얼마이지요?

交 : 4분간으로, 19원 20전입니다.

5. 金 : 지불은 어디에서 합니까?

交 : 프런트에서 합니다.

장 완 러 마
5. 讲 完 了 吗
Jiǎng wán le ma

웨이 닌 °스 진 이 씨엔 °성 마
1. 总：喂，您 是 金 一 先 生 吗？
Wéi nín shi Jīn Yī xiān shēng ma

뛔이 워 °스
金：对，我 是。
Duì wǒ shì

닌 야오 더 한 청 띠엔 화 지에 퉁 러 칭 닌
2. 总：您 要 的 漢 城 电 话 接 通 了，请 您
Nín yào de HànChéng diàn huà jiē tōng le qíng nín

쟝 화
讲 话。
jiǎng huà

씨에 셰 웨이
金：谢 谢。…… 喂
Xiè xie wei

띠엔 화 쟝 완 러 마
3. 总：电 话 讲 完 了 吗？
Diàn huà jiǎng wán le ma

완 러
金：完 了。
Wán le

쟝 러 지 °펀 °쭝 뛰 °싸오 치엔
4. 金：讲 了 几 分 钟，多 少 钱？
Jiǎng le jǐ fēn zhōng duō shǎo qián

쓰 °펀 °쭝 °스 지우 콰이 얼
总：四 分 钟，十 九 块 二。
Sì fēn zhōng shí jiǔ kuài èr

짜이 나얼 °푸 콴
5. 金：在 哪儿 付 款？
Zài nǎr fù kuǎn

°푸 우 타이
总：服 务 台。
Fú wù tái

6. 아무도 받지 않습니다.

1. 交：부르시는 전화는 아무도 받지 않습니다.

金：나는 밖에 나가지 않고 있겠으니, 계속해서 불러 주십시오.

2. 金：그럼 취소하겠습니다.

3. 그럼 수고스럽겠지만, 1시간 후에 다시 불러 주십시오.

메 모

시간을 말하는 법

～時: ～点 diǎn 디엔　　～分: ～分 fēn °펀

（1） 1時 一点、2時 两点，……12時 十二点

（2） 2：20 两点二十分、 3：47 三点四十七分

1：30 一点三十分、一点半 (빤)

3：05 三点零五分

4：56 差（ 차 ）四分五点，四点五十六分

4：15 四点一刻（ 커 ），四点十五分

6. 没人接
메이 °런 지에
Méi rén jiē

1. 总：您要的电话没人接。
닌 야오 더 띠엔 화 메이 °런 지에
Nín yào de diàn huà méi rén jiē

金：我不出去，清继续帮我叫。
워 뿌 °추 °취 칭 지 쉬 빵 워 짜오
Wǒ bù chū qù qíng jì xù bāng wǒ jiào

2. 金：那就不要了。
나 지우 부 야오 러
Nà jiu bú yào le

3. 金：那么麻烦您一下，过一个钟头再帮我叫。
나 머 마 °판 닌 이 싸 꿔 이 거 °쭝 터우 짜이 빵 워 짜오
Nà me má fan nín yí xià guò yí ge zhōng tóu zài bāng wǒ jiào

메모

시 차

북경의 교통 피크는 6시 반에서 7시 반까지로, 서울보다 1시간이 빠르다. 출근시간이 8시이기 때문입니다. 북경시간의 8시는 서울시간의 9시로서 시차가 1시간 있습니다. 북경시간의 밤 10시에 전화하면 한국에서는 11시, 잠자는 시간입니다.

7. 다른 방으로 전화를 겁니다.

1. 金：다른 방으로 전화는 어떻게 겁니까?

服：교환대를 통해 겁니다.

服：먼저 9를 돌린후 다시 방번호를 돌리십시오.

2. 金：여보세요, 교환입니까? 419호실을 연결해

주십시오.

交：네, 잠깐 기다려 주십시오.

메모

중국의 공중전화

중국에는 아직 전화는 크게 보급되어 있지 않습니다. 거리에서 “公用电话” 꿍 융 띠엔 화(공중전화)를 보는 경우도 그리 많지 않습니다.

그러나 호텔에서의 전화사용은, 시외(장거리), 국제전화를 제외하고는 무료로 되어 있습니다.

7. 往别的房间打

왕 비에 더 °팡 지엔 따
Wàng bié de fáng jiān dǎ

1. 金：往别的房间打电话怎么打？
왕 비에 더 °팡 지엔 따 띠엔 화 쩐 머 따
Wàng bié de fáng jiān dǎ diàn huà zěn me dǎ

服：通过总机打。
통 꿔 쭝 지 따
Tōng gùo zǒng jī dǎ

服：先拨九再拨房间号码。
씨엔 뽀어 지우 짜이 뽀어 °팡 지엔 하오 마
Xiān bō jiǔ zài bō fáng jiān hào mǎ

2. 金：喂，你是总机吗？请给我接四一九号房间。
웨이 니 °스 쭝 지 마 칭 게이 워 지에 쓰 이 지우 하오 °팡 지엔
Wéi ní shi zǒng jī ma Qǐng gěi wǒ jiē sì yī jiǔ hào fáng jiān

总：好，请您等一下。
하오 칭 닌 떵 이 쌰
Hǎo qǐng nín děng yí xià

메모

중국어로 전화번호를 전하는데 자신이 없는 분은 영어를 사용해도 통합니다. 또한 전화번호 등의 숫자를 말할 경우 특수하게 말하는 방법이 있습니다. 예를들면 "一" (이)를 "幺" yāo(야오) 라고도 말합니다.
그러나 이 회화책에서는 채택하지 않았습니다.

8. 지금 통화중입니다.

1. 金 : 호텔밖으로 거는 전화는 어떻게 겁니까?

服 : 교환대를 먼저 부르십시오.

服 : 먼저 0을 돌린후, 다시 상대방의 번호를 돌리십시오.

2. 金 : 여보세요, 우의빈관입니까? 구내 123번을 부탁합니다.

交 : 지금 통화중입니다. 조금 지나서 다시 걸어 주십시오.

메 모

전화번호 등을 부르는 법

방번호는 하나 하나씩 읽기 때문에 802호실은 "八零二号" 빠 링 얼 하오 입니다.

전화를 신청할 때는 국번에서 시작하여 다음 번호까지 하나씩 불러도 상관없으나, 원래는 국번만은 하나씩 불러서는 안됩니다.

예를들면, 북경의 우의빈관은 (89) 0621, 이것을 "八十九局(쥐) 零六二一"라고 말합니다.

8. 现在占线

씨엔 짜이 짠 시엔

Xiàn zài zhàn xiàn

1. 金：打外线怎么打？
따 와이 시엔 쩐 머 따
Dǎ wài xiàn zěn me dǎ

服：先要总机。
씨엔 야오 쭝 지
Xiān yào zǒng jī

服：先拨零，再拨對方号码。
씨엔 뽀어 링 짜이 뽀어 뚜이 °팡 하오 마
Xiān bō líng zài bō duì fāng hào mǎ

2. 金：喂，你是友谊宾馆吗？请接一二三分机。
웨이 니 °스 여우 이 삔 꽌 마 칭 지에 이 얼 싼 °펀 지
Wéi ní shi yǒu yì bīn guǎn ma Qíng jiē yī èr sān fēn jī

总：现在占线，请过一会儿再打。
씨엔 짜이 짠 시엔 칭 꿔 이 후이 얼 짜이 따
Xiàn zài zhàn xiàn qíng guò yí huìr zài dǎ

메모

전화해도 잘 연결이 안되는 수가 있으므로 참을성을 가지고 기다리세요. 교환원의 말투도 무뚝뚝하게 들리는 경우도 있으나, 외국인임을 알게 되면 정중하게 대하는 경우도 있습니다. 허나 당신이 중국에 갈 때는 이러한 일은 틀림없이 없어졌을 것입니다.

1. 나는 약을 가지고 왔습니다.

1. 金：나는 몸의 콘디션이 좋지 않습니다.

2. 中：병원에 가실까요？/의사를 불러드릴까요？

金：병원에 갈 필요는 없습니다./의사를 부를 필요는 없습니다.

3. 金：좀 휴식을 취하면 좋아질 겁니다.

4. 金：괜찮습니다. 나는 약을 가지고 왔습니다.

● 기억해두면 편리한 단어

내과	네이 커 內 科	[nèikē]
외과	와이 커 外 科	[wàikē]
산부인과	°푸 커 妇 科	[fùkē]

1. 我自己带着有药

워 쯔 지 따이 저 여우 야오
Wǒ zì jǐ dài zhe yǒu yào

1. 金：我身体不舒服。
워 °썬 티 뿌 °쑤 °푸
Wǒ shēn tǐ bù shū fu

2. 中国人：要不要去医院？／要不要请大夫？
야오 부 야오 취 이 유안 / 야오 부 야오 칭 따이 °푸
Yào bu yào qù yī yuàn Yào bu yào qǐng dài fu

金：不用去医院。／不用请大夫。
부 융 취 이 유안 / 부 융 칭 따이 °푸
Bú yòng qù yī yuàn Bú yòng qǐng dài fu

3. 金：休息一下就好了。
씨우 시 이 쌰 지우 하오 러
Xiū xi yí xià jiù hǎo le

4. 金：没关系，我自己带着有药。
메이 꽌 시 워 쯔 지 따이 저 여우 야오
Méi guān xi wǒ zì jǐ dài zhe yǒu yào

메모

진찰받을 일도 의사가 진찰을 하는 일도 모두 "看病" kànbìng(칸삥)이다. "大夫"(의사)를 "医生" yīshēng(이 °성)이라고도 말합니다.

2. 나를 의무실까지 데려다 주십시오.

1. 金 : 호텔안에 의무실이 있습니까?/의사분은 계십니까?

2. 中 : 내가 당신을 모시고 갈까요.

   金 : 고맙습니다. (의무실까지) 나를 데려다 주십시오.

   金 : 아니오, 저 혼자 가겠습니다.

3. 金 : 의사선생을 불러주실 수 있습니까?

● 기억해두면 편리한 단어

몸이 나른하다	°쎈 티 °파 쏸 身 体 发 酸	[shēntǐ fāsuān]
식욕이 없다	웨이 커우 뿌 하오 胃 口 不 好	[wèikǒu bù hǎo]
기침을 하다	커 써우 咳 嗽	[késou]
설사를 하다	시에 뚜 즈 泻 肚 子	[xiè dùzi]
잠을 못자다(불면증)	°스 미엔 失 眠	[shīmián]
~가 아프다	텅 ~ 疼	[~ téng]
~가 부었다	쭝 러 ~ 肿 了	[~ zhǒngle]

2. 请带我去医务室

칭 따이 워 취 이 우 °스
Qǐng dài wǒ qù yī wù shì

1. 金：饭店里有医务室吗？／有大夫吗？

°판 띠엔 리 여우 이 우 °스 마 여우 따이 °푸 마
Fàn diàn lí yǒu yī wù shì ma Yǒu dài fu ma

2. 中：我带你去吧。

워 따이 니 °취 바
Wǒ dài ní qù ba

金：谢谢，请带我去（医务室）。

씨에 세 칭 따이 워 취 이 우 °스
Xiè xie qǐng dài wǒ qù yī wù shì

金：不用，我自己去。

부 융 워 쯔 지 취
Bú yòng wǒ zì jǐ qù

3. 金：帮我请大夫好吗？

빵 워 칭 따이 °푸 하오 마
Bāng wǒ qǐng dài fu hǎo ma

3. 어디가 좋지 않습니까 ?

1. 의사 : 당신은 어디가 좋지 않습니까 ?

金 : 감기입니다.

2. 의사 : 열이 있습니까 ?

金 : 열이 좀 있습니다. /열은 없습니다.

3. 의사 :체온을 좀 재어봅시다.

● 기억해두면 편리한 단어

감기에 걸리다	°짜오 량 러 着 凉 了	[zháoliáng le]
소화불량	샤오 화 뿌 량 消 化 不 良	[xiāohuà bùliáng]
변비	삐엔 삐 便 秘	[biànbǐ]
식은 땀을 흘리다	추 따오 한 出 (盗) 汗	[chū (dào) hàn]
배	뚜 즈 肚 子	[dùzi]
위(밥통)	웨이 胃	[wèi]
손(다리)	°서우 쟈오 手 (脚)	[shǒu(jiǎo)]

3. 哪儿 不 好

°나얼 뿌 하오
Nǎr bù hǎo

니 나얼 뿌 하오
1. 大夫：你 哪儿 不 好？
Nǐ nǎr bù hǎo

깐 마오 러
金：感 冒 了。
Gǎn mào le

°파 °싸오 마
2. 大：发 烧 吗？
Fā shāo ma

여우 디엔 °파 °싸오 뿌 °파 °싸오
金：有 点 发 烧。／不 发 烧。
Yǒu diǎn fā shāo Bù fā shāo

량 이 량 티 원 바
3. 大：量 一 量 体 温 吧。
Liáng yi liáng tǐ wēn ba

메모

한 방 의 사

중국의학과 한방의사의 일을 "中医" °쭝이 라고 합니다. 한방약은 보통 달여서 마시지만 지금은 근대화되어 정제로 되어있는 물건도 많이 있습니다. 의사에게 가면 "白开水" (끓인 맹물)를 많이 마시라고 말하는 것도 인상적입니다.

여행보험에 들어있는 분은, 귀국 후 치료비용의 청구가 될 수 있기 때문에 영수증을 받아두십시오.

4. 약을 먹으면 곧 좋아집니다.

1. 医 : 걱정할 것 없습니다. 약을 먹으면 곧 좋아집니다.

2. 医 : 매일 3회, 매회 2알을, 식후에 복용하십시오.

医 : 매 4시간 간격으로, 매회 3알씩입니다.

3. 医 : 주사를 한 대 맞으면 곧 좋아집니다.

4. 医 : 끓인 맹물을 많이 마시세요.

● 기억해두면 편리한 단어

머리	头 (터우)	[tóu]
얼굴	脸 (ㄹ리엔)	[liǎn]
귀	耳朵 (얼 뚸)	[ěrduo]
코	鼻子 (비 °즈)	[bízi]
눈	眼睛 (이엔 징)	[yǎnjing]
이	牙齿 (야 °츠)	[yáchi]
목(구멍)	嗓子 (쌍 즈)	[sǎnzi]

4. 吃点药就好了

°츠 디엔 야오 지우 하오 러
Chī diǎn yào jiù hǎo le

1. 医：不要紧，吃点药就好了。
부 야오 진 °츠 디엔 야오 지우 하오 러
Bú yào jǐn chī diǎn yào jiù hǎo le

2. 医：每天三次，每次两片，饭后服。
메이 티엔 싼 츠 메이 츠 량 피엔 °판 허우 °푸
Měi tiān sān cì měi cì liǎng piàn fàn hòu fú

医：每隔四小时一次，每次三片。
메이 거 쓰 샤오 °스 이 츠 메이 츠 싼 피엔
Měi gé sì xiǎo shí yí cì měi cì sān piàn

3. 医：打一针就好了。
따 이 °쩐 지우 하오 러
Dǎ yì zhēn jiù hǎo le

4. 医：多喝白开水。
뚸 허 빠이 카이 °수이
Duō hē bái kāi shuǐ

메모

한방의 환약은 먹는 물건?

중국어에서는 약을 「먹다」라고 말합니다만 한방의 환약은 그야말로 먹는다는 감이 큽니다. 양초질의 캡슐에 든 매실크기만한 물건이지만 흔히 캡슐째 먹어버리는 분이 있습니다.

그 맛이 어떤 것인지 상상할 수 있습니다. 「맛은 초 껍질을 씹는 것과 같다」라는 속담이 있는데, 혹시라도 이 어원은 이런 곳에서 나온 것이 아닌지 모르겠습니다.

5. 식당에서 잃어버렸습니다.

1. 金 : 나의 돈지갑이 없어졌습니다.

2. 服 : 어디에서 잃었습니까?

金 : 아마 우의상점에서 잃은 것 같습니다.

金 : 아마 차에서 잃은 것 같습니다.

3. 金 : 나는 안경을 식당에서 잃어버렸습니다.

● 기억해두면 편리한 단어

유실물취급소 　 °스 우 짜오 령 °추
失 物 招 领 处 　 [shīwù zhāolíngchù]

5. 忘在食堂了

왕 짜이 °스 탕 러러
Wàng zài shí táng le

1. 金：我的钱包不见了。
워 더 치엔 빠오 부 지엔 러러
Wǒ de qián bāo bú jiàn le

2. 服：在哪儿丢的？
짜이 나얼 띠우 더
Zài nǎr diū de

金：大概在友谊商店丢的。
따 까이 짜이 여우 이 °상 디엔 띠우 더
Dà gài zài yǒu yì shāng diàn diū de

金：大概忘在车上了。
따 까이 왕 짜이 °처 °상 러러
Dà gài wàng zài chē shang le

3. 金：我把眼镜忘在食堂了。
워 빠 이엔 징 왕 짜이 °스 탕 러러
Wǒ bǎ yǎn jìng wàng zài shí táng le

메모

호텔에서는 우선 도둑맞는 일이 없습니다.
방에 자물쇠를 걸지 않아도 좋습니다. 그러나 중국에서 지갑은 주의하십시오.

6. 찾는 일을 도와 주십시오.

1. 金：오늘 아침에 안경을 하나 줍지 않았습니까?

   服：주웠습니다. /보지 못했습니다.
   (줍지 않았습니다.)

2. 金：좀 찾아봐 주십시오.

3. 服：이것입니까?

   金：그렇습니다, 고맙습니다.

● 기억해두면 편리한 단어

노우트, 공책	笔(삐) 记(지) 本(뻰)	[bǐjìběn]
볼펜	圆(유안) 珠(쭈) 笔(삐)	[yuánzhūbǐ]
장갑	手(°서우) 套(타오)	[shǒutào]
모자	帽(마오) 子(°즈)	[màozi]

6. 帮 我 找 一 找
빵 워 짜오 이 짜오
Bāng wǒ zhǎo yi zhǎo

1. 金：今天早上捡到一付眼镜没有？
진 티엔 짜오 °상 지엔 따오 이 °푸 이엔 징 메이 여우
Jīn tiān zǎo shang jiǎn dào yí fù yǎn jìng méi yǒu

服：捡到了。／没看见。（没捡到）。
지엔 따오 러 메이 칸 지엔 메이 지엔 따오
Jiǎn dào le Méi kàn jiàn Méi jiǎn dào

2. 金：请你帮我找一找。
칭 니 빵 워 짜오 이 짜오
Qǐng nǐ bāng wǒ zhǎo yi zhǎo

3. 服：是这个吗？
°스 °쩌 거 마
Shì zhè ge ma

金：是，谢谢。
°스 씨에 셰
Shì xiè xie

메모

분실물 BEST 10에 들어가는 물건은 카메라(특히 캡), 안경, 지갑, 만년필, 양말 등입니다. 주의하십시오.

1. 시간이 있습니까?

1. 金：(노크를 하면서) 왕우의 선생님, 방에 계십니까?

2. 王：예, 있습니다. 누구십니까?

3. 王：어서 들어오십시오, 앉으십시오.

4. 中：그는 안계십니다.

5. 中：무슨 일이 있습니까? 제가 그에게 전해드리겠습니다.

6. 金：왕선생이 돌아오시거든, 우리들이 찾아왔었다고 전해주십시오.

7. 金：오늘 저녁, 왕선생은 시간이 있습니까?

8. 金：7시에 802호실에 와 주십시오.

9. 金：모두가 당신과 함께 이야기하고 싶어 합니다.

1. 有 空 吗

여우 쿵 마

Yǒu kòng ma

1. 金：王 友 谊 先 生 在 房 间 吗？
왕 여우 이 씨엔 °성 짜이 °팡 지엔 마
Wáng yǒu yì xiān sheng zài fáng jiān ma

2. 王：在，谁 呀？
짜이 쉐이 아
Zài shuí ya

3. 王：请 进，请 进。请 坐。
칭 진 칭 진 칭 쭤
Qǐng jìn qǐng jìn Qǐng zuò

4. 中国人：他 不 在。
타 부 짜이
Tā bú zài

5. 中：有 什 么 事 吗？我 来 转 告 他。
여우 °선 머 °스 마 워 라이 °좐 까오 타
Yǒu shén me shì ma Wǒ lái zhuǎn gào ta

6. 金：王 先 生 回 来 了，请 告 诉 他 我 们 找 他。
왕 씨엔 °성 후이 라이 러 칭 까오 °수 타 워 먼 짜오 타
Wáng xiān sheng huí lái le qǐng gào su tā wǒ men zhǎo tā

7. 金：今 天 晚 上，王 先 生 有 空 吗？
진 티엔 완 °상 왕 씨엔 °성 여우 쿵 마
Jīn tiān wǎn shang wáng xiān sheng yǒu kòng ma

8. 金：七 点 钟 请 你 到 八 〇 二 号 房 间。
치 디엔 °쭝 칭 니 따오 빠 링 얼 하오 °팡 지엔
Qī diǎn zhōng qǐng nǐ dào bā líng èr hào fáng jiān

9. 金：大 家 想 和 你 一 起 聊 天。
따 쟈 샹 허 니 이 치 랴오 티엔
Dà jiā xiǎng he nǐ yì qǐ liáo tiān

2. 매우 즐거운 여행이었습니다.

1. 왕선생의 뜨거운 접대에 감사드립니다.

2. 우리들의 여행은 매우 즐거웠습니다.

3. 이번 여행은 커다란 수확이 있었고, 많은 것을 공부했습니다.

4. 나는 또 중국에 와 보고 싶습니다.

5. 내가 돌아가면 당신에게 꼭 편지를 보내겠습니다.

6. 당신에게 사진을 부치겠습니다.

7. 당신의 집주소를 좀 써 주십시오.

8. 당신이 한국에 오시는 것을 환영합니다.

9. 이것은 저의 주소입니다. 한국에 오시면 저희 집에 들러 주십시오.

2. 旅行很愉快

뤼 씽 헌 위 콰이

Lǚ xíng hěn yú kuài

1\. 씨에 셰 왕 씨엔 °셩 더 °러 칭 지에 따이
谢谢王先生的热情接待。
Xiè xie wáng xiān shēng de rè qíng jiē dài

2\. 워 먼 더 뤼 씽 헌 위 콰이
我们的旅行很愉快。
Wǒ men de lǚ xíng hěn yú kuài

3\. °쩌 츠 뤼 씽 °써우 훠 헌 따 슈에 따오 러 뿌 °싸오 뚱 시
这次旅行收获很大，学到了不少东西。
Zhè cì lǚ xíng shōu huò hěn dà xué dào le bù shǎo dōng xi

4\. 워 하이 썅 라이 °쭝 꿔
我还想来中國。
Wǒ hái xiǎng lái Zhōng guó

5\. 워 후이 취 이 허우 이 띵 게이 니 씨에 씬
我回去以后一定给你写信。
Wǒ huí qù yǐ hòu yí dìng gěi ní xiě xìn

6\. 게이 니 지 °짜오 피엔
给你寄照片。
Gěi ní jì zhào piàn

7\. 칭 게이 워 씨에 이 쌰 니 더 띠 °즈
请给我写一下你的地址。
Qǐng gěi wǒ xiě yi xià ní de dì zhǐ

8\. 환 잉 니 따오 한 꿔 라이
欢迎你到韓国来。
Huān yíng nǐ dào Hán guó lái

9\. °쩌 °스 워 더 띠 °즈 따오 한 꿔 칭 따오 워 쟈 라이
这是我的地址，到韓国请到我家来。
Zhè shi wǒ de dì zhi dào Hán guó qǐng dào wǒ jiā lái

3. 짐들은 다 챙겼습니까?

1. 中：식사 전에 짐을 모두 내다 놓아 주십시오.

2. 中：방문밖에 내놓아 주십시오. 종업원이 옮겨 드릴겁니다.

3. 中：틀리지 않는 지 검사해 주십시오.

韓：틀리지 않습니다.

韓：이 짐은 우리들 것이 아닙니다.

4. 점검해 주십시오. 짐은 모두 준비가 되었습니까?

韓：다 챙겼습니다. 운반해도 됩니다.

韓：좀 기다리십시오. 아직 다 챙기지 못했습니다, 하나가 모자랍니다.

3. 行李都齐了吗

싱 리 또우 치 러 마

Xíng li dōu qí le ma

1. 中：请你们在吃饭以前把行李都拿出来。
칭 니 먼 짜이 °츠 °판 이 치엔 빠 씽 리 또우 나 °추 라이
Qíng nǐ men zài chī fàn yǐ qián bǎ xíng li dōu ná chu lai

2. 中：请放在房间门口，服务员给你们搬。
칭 °팡 짜이 °팡 지엔 먼 커우 °푸 우 유안 게이 니 먼 빤
Qǐng fàng zài fáng jiān mén kǒu fú wù yuán gěi nǐ men bān

3. 中：查一下有没有错？
차 이 쌰 여우 메이 여우 춰
Chá yí xià yǒu méi yǒu cuò

韓：没有错。
메이 여우 춰
Méi yǒu cuò

韓：这个行李不是我们的。
°쩌 거 씽 리 부 °스 워 먼 더
Zhè ge xíng li bú shi wǒ men de

4. 中：請點一下，行李都齐了吗？
칭 디엔 이 쌰 싱 리 떠우 치 러 마
Qǐng diǎn yí xià xíng li dōu qí le ma

韓：齐了，可以搬走了。
치 러 커 이 빤 쩌우 러
Qí le kě yǐ bān zǒu le

韓：等一下，还没齐，少一个。
떵 이 쌰 하이 메이 치 °싸오 이 거
Děng yí xià hái méi qí shǎo yí ge

4. 정시에 뜹니까?

1. 韓 : 서울행의 CA929편은 정시에 뜹니까?

中 : 정시에 뜹니다. /예정시간보다 좀 늦어지겠습니다.

2. 韓 : 탑승수속은 어디에서 합니까? 몇시부터 시작합니까?

3. 中 : 당신의 짐은 ×킬로 초과되기 때문에, ×원 받겠습니다. 이것은 짐표입니다.

4. 中 : 이것은 탑승권입니다. 받아 두십시오.

※ ※

5. 韓 : 나는 좌석예약표를 반환하겠습니다. /○월 ○일 925편의 비행기로 바꿔 주십시오.

4. 准时起飞吗

°쭌 °스 치 °페이 마

Zhǔn shí qǐ fēi ma

°페이 왕 한 °청 더 민 항 지우 얼 지우 츠 빤
韓：飞往漢城的民航九二九次班
Fēi wǎng HànChéng de mín háng jiǔ èr jiǔ cì bān

지 °쭌 °스 치 °페이 마
机，准时起飞吗？
jī zhǔn shí qǐ fēi ma

°쭌 °스 치 °페이 삐 유안 떵 °스 지엔 완 이 씨에
中：准时起飞。／比原定时间晚一些。
Zhǔn shí qǐ fēi Bǐ yuán dìng shí jiān wǎn yì xie

짜이 나얼 빤 청 지 °서우 쉬 지 디엔 카이 °스 빤
韓：在哪儿办乘机手续？几点开始办？
Zài nǎr bàn chéng jī shǒu xù Jǐ diǎn kāi shǐ bàn

니 더 씽 리 °차오 °쭝 꿍 진 °써우 °페이
中：你的行李超重 × 公斤，收费 ×
Nǐ de xíng li chāo zhòng gōng jīn shōu fèi

콰이 °쩌 °스 씽 리 퍄오
块，这是行李票。
kuài zhè shi xíng li piào

°쩌 °스 떵 지 퍄오 칭 니 °써우 하오
中：这是登机票，请你收好。
Zhè shi dēng jī piào qǐng nǐ shōu hǎo

※ ※

워 야오 투이 퍄오 칭 게이 워 환 유에
韓：我要退票。／请给我换 × 月 ×
Wǒ yào tuì piào Qǐng gěi wǒ huàn yuè

하오 지우 얼 우 빤 츠 더 °페이 지
號九二五班次的飞机。
hào jiǔ èr wǔ bān cì de fēi jī

5. 특급은 몇시에 발차합니까?

1. 심양행의 11호 특급은 몇 시에 발차합니까?

2. 식당차는 있습니까? (식당차는) 몇 호차입니까?

3. 심양까지 몇 킬로입니까?

4. 지금 어디를 달리고 있습니까? 산해관은 몇 시에 통과합니까?

5. 정차합니까? 몇 분간 정차합니까? 산보할 시간이 있습니까?

6. 정각에 도착합니다. /15분 늦게 도착합니다.

● 기억해두면 편리한 단어

개(검)찰	지엔 차 퍄오 剪(查)票	[jiǎn (chá) piào]
플랫폼	°짠 타이 站台	[zhàntái]
육교	티엔 차오 天桥	[tiānqiáo]
다음 정차역	치엔 °팡 팅 °처 °짠 前方停车站	[qiánfāngtíngchēzhàn] (아나운서 용어)
시발(종점)역	치 °쭝 디엔 °짠 起(终)点站	[qǐ (zhōng) diǎnzhàn]
차장	°청 우 유안 乘务员	[chéngwùyuán]

5. 特别快车几点开
터 비에 콰이 °처 지 디엔 카이
Tè bié kuài chē jǐ diǎn kāi

1. 去沈阳的十一次特别快车几点开?
°취 썬 양 더 °스 이 츠 터 비에 콰이 °처 지 디엔 카이
Qù Shěnyáng de shí yī cì tè bié kuài chē jǐ diǎn kāi

2. 有餐车吗?(餐车)在几号车厢?
여우 찬 °처 마 찬 °처 짜이 지 하오 °처 썅
Yǒu cān chē ma cān chē zài jǐ hào chē xiāng

3. 到沈阳有多少公里?
따오 썬 양 여우 뚸 °싸오 꽁 리
Dào Shěnyáng yǒu duō shǎo gōng lǐ

4. 现在跑哪儿?几点经过山海关?
씨엔 짜이 파오 나얼 지 디엔 징 꿔 °산 하이 꽌
Xiàn zài pǎo nǎr Jǐ diǎn jīng guò Shān hǎi guān

5. 停车吗?停几分钟?有时间散步吗?
팅 °처 마 팅 지 °펀 °쭝 여우 °스 지엔 싼 뿌 마
Tíng chē ma Tíng jǐ fēn zhōng Yǒu shí jiān sàn bù ma

6. 正点到站。/晚点十五分。
°쩡 디엔 따오 °짠 완 디엔 °스 우 °펀
Zhèng diǎn dào zhàn Wǎn diǎn shí wǔ fēn

메모

硬座	잉 쭤	2등좌석	特快	터 콰이	특급
硬卧	잉 워	2등침대	直快	°즈 콰이	직통급행
软座	°롼 쭤	1등좌석	快客	콰이 커	급행
软卧	°롼 워	1등침대	直客	°즈 커	직통

6. 무사히 가시기를 빕니다.

1. 우리들은 이제 여기에서 헤어져야겠군요.
   고마웠습니다. 안녕히 계십시오.
   안녕히 가십시오.

2. 몸 건강하시기 바랍니다.

3. 모두 무사히 가시기를 빕니다.

● 기억해두면 편리한 단어

기차	훠 °처 火 车	[huǒchē]
역	훠 °처 °짠 火 车 站	[huǒchēzhàn]
비행기	°페이 지 飞 机	[fēijī]
공항	°페이 지 °창 飞 机 场	[fēijīchǎng]
객선	룬 °촨 轮 船	[lúnchuán]
부두	마 터우 码 头	[mǎtóu]
대합실	씨우 시 °스 休 息 室	[xiūxishì]

이 루 핑 안
6. 一 路 平 安
Yí lù píng ān

워 먼 짜이 °쩌얼 °펀 °서우 러
1. 我 们 在 这儿 分 手 了。
Wǒ men zài zhèr fēn shǒu le

씨에 세 니 짜이 지엔
谢 谢 你， 再 见!
Xiè xie nǐ zài jiàn

짜이 지엔
再 见!
zài jiàn

°쭈 니 °썬 티 지엔 캉
2. 祝 你 身 体 健 康!
Zhù nǐ shēn tǐ jiàn kāng

°쭈 따 쟈 이 루 핑 안
3. 祝 大 家 一 路 平 安!
Zhù dà jiā yí lù píng ān

1. 기내·세관에서

기내에서	짜이 °페이지 °상	在飛機上	in the plane
눕다	투이(쌰) 따오	推(下)倒	lie down
잡지	°짜 °즈	雜誌	magazine
빌리다	지에	借	lend
담요	마오 탄	毛毯	blanket
기분이 언짢은	뿌°쑤°푸	不舒服	uncomfortable
약	야오	藥	medicine
향수	샹°수이	香水	perfume
배우다	슈에 시	學習	learn
살다	°쭈	住	live
사업	쌍 이에	商業	business
도중	투 °쭝	途中	on the way
속도	쑤 뚜	速度	speed
명함	밍 피엔	名片	calling card
주소	띠 °즈	地址	address
전화번호	띠엔 화 하오 마	電話號碼	telephone number
성명	씽 밍	姓名	name
사진	°썅피엔, °짜오 피엔	像片, 照片	photograph
세관에서	짜이 하이 꽌	在海關	at the customs
목적	무띠	目的	purpose
관광여행	꽌 꽝 뤼씽	觀光旅行	sight-seeing tour
유학(하다)	ㄹ리우 슈에	留學	study abroad
체재(하다)	떠우 ㄹ리우	逗留	stay
선포(하다)	°선 빠오	申報	declare
귀금속류	꾸이 쭝진쑤°주빠오	貴重金屬珠寶	precious jewellery
모자르다	뿌쭈	不足	be not enough
바깥, 겉면	와이 미엔	外面	outside
공항에서 시내로	충지창 따오 °스취	從機場到市區	from the airport to the city
환전	뚜이 환	兌換	money changing
시내	°스 취	市區	city
소개(하다)	찌에 °싸오	介紹	introduce

탑승지	따 청 띠 디엔	搭乘地點	place of embarkation
현주소	씨엔 °쭈 °즈	現住址	present address
출생지	°추 °성 띠	出生地	place of birth
비자	치엔 °쩡	簽證	visa
비자발급지	치엔 °쩡 °파 게이 띠	簽證發給地	place of issue a visa
비자발급일월일	치엔 °쩡°파 게이°르 치	簽證發給日期	date of issue a visa
이륙	치 °페이	起飛	taking off
도착	띠 따 (징)	抵達(境)	arrival
착륙	쟝(저) °루	降(着)陸	landing
취소	취 쌰오	取消	cancel
통과	꿔 징	過境	transit
통과증	꿔징°쩡	過境證	transit visa
승객	청커	乘客	passenger
수하물	°서우 티 씽 리	手提行李	hand luggage
트렁크	피 썅	皮箱	trunk
초과화물	°차오 °쭝 씽 리	超重行李	excess luggage
항공회사	항쿵꿍쓰	航空公司	airline company
국제선	꿔지항시엔	國際航綫	international lines
국내선	꿔네이항시엔	國內航綫	domestic lines
대합실	떵허우°스(허우지°스)	等候室(候機室)	waiting room
흡연실	시 이엔 °스	吸煙室	smoking room
안내소	쉰 원 °추	詢問處	information
시간표	°스 지엔 빠오	時間表	schedule
정기 항공편	띵 치빤지	定期班機	a regular flight
임시 항공편	쨔빤지	加班機	a special flight
항공권	지퍄오	機票	air ticket
운임	윈 °수°페이	運輸費	fare
확인	츄에 띵	確定	confirmation
재확인	짜이 츄에 띵	再確定	reconfirmation
일등실	터우 떵	頭等	first class
여권번호	후 °짜오 하오 마	護照號碼	passport number

관세	꽌 °쑤이	關稅	customs duties
검사	지엔 차	檢査	inspection
비행호수	빤지 하오 마	班機號碼	flight-number
보통석, 2등	징지웨이, 얼떵	經濟位，二等	economy class
좌석번호	쭤 웨이 하오 마	座位號碼	seat number
여행보험	뤼 씽 빠오 씨엔	旅行保險	travelling insurance
공항세	지창°쑤이	機場稅	airport duty
면세품	미엔 °쑤이 핀	免稅品	tax-free goods
기장	지°장	機長	captain
스튜어디스	쿵°쭝쌰오제	空中小姐	stewardess
스튜어드	항쿵따이 잉 °성	航空侍應生	steward
사무장	°스우°장	事務長	purser
국제일계 변경선	꿔지°르 지에 시엔	國際日界綫	international date-line
시차	°스차	時差	difference in time
현지시간	뻔띠°스지엔	本地時間	local time
비상구	타이 °핑 먼	太平門	emergency exit
고도	까오 뚜	高度	height
난기류	쾅 빠오 °치 리우	狂暴氣流	turbulence
금연	진 °즈 시이엔	禁止吸煙	no smoking
벨트착용	시°상안 츄엔 따이	係上安全帶	fasten the seat belts
구명동의	지우 °성 이	救生衣	a life jacket
구토봉지	어우 투 따이	嘔吐袋	vomiting bag (air sickness bag)
호출버튼	후 환 니우	呼喚鈕	call button
산소 마스크	양 치 미엔 °자오	氧氣面罩	oxygen mask
사용중(빈 것)	°스융°쭝(쿵저)	使用中（空着）	in use (vacant)
트랩, 사다리	티 °즈	梯子	trap
활주로	파오 따오	跑道	runway
중앙좌석	쭝양°쭤웨이	中央座位	middle seat
통로측좌석	퉁 따오 °팡쭤웨이	通道旁座位	aisle seat
세관	하이 꽌	海關	customs
무직	우°스(이예)	**無職（業）**	unemployed

가정주부	쟈팅°쥬°푸	家庭主婦	housewife
검역	지엔 이	檢疫	quarantine
보석류	°주 빠오	珠寶	jewellery
생년월일	°추°성°르 치	出生日期	date of birth
비행시간표	°페이싱°스지엔빠오	飛行時間表	schedule for the plane
서명	치엔 밍	簽名	signature
출입국수속	°추° ㄹ루찡°서우 쉬	出入境手續	emigration and immigration formaliti
출국카드	ㄹ리징°찡	離境證	departure card
입국카드	° ㄹ루징°찡	入境證	entry card
식물	°즈우	植物	botany
동물	뚱우	動物	animal
예방접종	°쭝 떠우	種痘	vaccination
예방접종증명서	°쭝떠우찡밍쑤	種痘證明書	vaccination certificate
장질부사	°쌍한°정	傷寒症	typhoid
천연두	티엔 화	天花	small pox
콜레라	훠 ㄹ롼°정	霍亂症	cholera
유효기간	여우 쌰오 치	有效期	term of validity
목적지	무디띠	目的地	destination
기혼	이훈	已婚	married
미혼	웨이 훈	未婚	unmarried
연락처	ㄹ리엔 ㄹ뤄 °추	聯絡處	your place of contact
외화	와이 삐	外幣	foreign currency
현금	씨엔 콴	現款	cash
성별	씽 비에	性別	sex
여	뉘	女	female
남	난	男	male

2. 호　　텔

숙박하다	°주°쑤	住宿	lodge
만원	커만(메이여우쿵°팡)	客滿(没有空房)	all rooms are occupied
(차임), 방세	(°주진), °팡°주	(租金), 房租	room rent
아침식사포함	°푸여우°짜오°찬더°쭈°수	附有早餐的住宿	lodging with breakfast included
1주일	이씽치	一星期	one week
국적	궈 지	國籍	nationality
직업	°즈 이예	職業	occupation
귀중품	꾸이 °쭝우핀	貴重物品	valuable things
변소, 손씻는 곳	처°쉬, 시°서우 지엔	廁所, 洗手間	toilet
자물쇠	°쒀	鎖	lock
열쇠	야오 °스	鑰匙	key
우편, 편지	씬 지엔	信件	mail
전언	커우 씬	口信	message
따뜻한	원놘	温暖	warm
전구	띠엔 떵파오	電燈泡	light bulb
다리미질을 하다.	윈	熨	press
청구서	°짱딴	賬單	bill
일본식여관	°르뻔°스뤼띠엔	日本式旅店	Japanese-style hotel
모텔	°치°처뤼 띠엔	汽車旅店	motel
지배인	찡 리	經理	manager
여지배인	뉘찡 리	女經理	manageress
체크인	떵지°쭈° 루	登記住入	check-in
체크아웃	°푸°짱팅°쭈	付賬停住	check-out
회계(인)	콰이 지	會計	accountant
예약	유에 후이, 유에띵, 위띵	約會, 約定, 預訂	appointment
로비	후이 커°추	會客處	lobby
프론트	꾸이 타이	櫃台	front
숙박부	뤼 띠엔 떵 지뿌	旅店登記簿	hotel register

서비스료	°푸우°페이	服務費	service charge
국제전화	꿔지 띠엔 화	國際電話	international telephone
국내전화	꿔 네이 띠엔 화	國內電話	local telephone
장거리전화	창 투 띠엔 화	長途電話	long-distance telephone
비누	°페이 짜오	肥皂	soap
치약	야 까오	牙膏	toothpaste
칫솔	야 쏴	牙刷	toothbrush
세탁물	야오 시더이우	要洗的衣物	laundry
끓인물	카이 °수이	開水	boiled water
물	°수이	水	water
난방실	놘치°팡	暖氣房	heated room
냉방실	렁치°팡	冷氣房	cold room
세금	°쑤이	**稅**	**tax**
방	°팡 지엔	房間	room
침실	워 °스	臥室	bedroom
욕실	시 짜오 지엔	洗澡間	bathroom
세면소	시 °서우 지엔	洗手間	lavatory
목욕수건	위 °진	浴巾	bath towel
손수건	°서우 진, 마오 진	手巾，毛巾	handkerchief
책상	°줘 쯔	桌子	desk
의자	이 쯔	椅子	chair
베개	쩐 터우	枕頭	pillow
회랑	쩌우 랑	走廊	corridor
계단	러우 티	樓梯	staircase
룸 서비스	커°팡 °푸우	客房服務	room service

3. 관　광

관광	꽌 꽝	觀光	sight-seeing
관광객	뤼 커	旅客	tourist
가이드·북	뤼 여우 °즈 난	旅遊指南	guide book
명소	밍 성	名勝	famous place
재미있는	여우 취	有趣	interesting
오전	°상우	上午	morning
오후	쌰우	下午	afternoon
설명하다	지에 °숴	解說	explain
단체손님	뤼싱퇀	旅行團	tour group
휴가	쟈치	假期	holiday
중심지	쭝씬띠	中心地	central point
함께	이 치이	一起	together
영화관	띠엔 잉 유안	電影院	theatre, cinema
입장료	° 루°창°페이	入場費	admission fee
주역	°쭈 쟈오	主角	leading actor (actress)
출연	빠오 이엔, 이엔 °추	表演, 演出	performance
도구	따오 쥐	道具	instrument
관광버스	꽌꽝(빠스)°처	觀光(巴士)車	sight-seeing bus
유람선	꽌꽝촨	觀光船	sight-seeing boat
어른	따°런	大人	adult
어린이	쌰오 하이	小孩	children
도선장	뚜°룬	渡輪	ferry
하루 코스 관광	츄엔°르여우 란	全日遊覽	full-day tour
반나절 코스 관광	빤°르 여우 란	半日遊覽	half-day tour
저녁 코스 관광	이예 지엔 여우 란	夜間遊覽	night tour
픽업타임	따이커°스 지엔	載客時間	pick-up time
전통음악	촨퉁인유에	**傳統音樂**	traditional music
경식	디엔 씬	點心	light meal
전망대	랴오 왕 타이	瞭望台	observatory
고적	꾸지	古蹟	historic spot
교외	°쟈오 와이	郊外	suburb

전통무용	촨퉁우 타오	傳統舞蹈	traditional dance
택시	°지°청°처 (띠°스)	計程車(的士)	taxi
마차	마°처	馬車	carriage
삼륜 자전거	싼 룬°처	三輪車	trishaw
축제일	지에 °르	節日	festival
해안	하이 안	海岸	seashore
뭍, 육지	°루띠	陸地	land
섬	따오	島	island
반도	빤 따오	半島	peninsula
산	°산	山	mountain
언덕	치우	丘	hill
화산	훠°산	火山	volcano
온천	운 츄안	温泉	hot spring
사막	°사 모	沙漠	desert
바다	하이	海	sea
내, 시내, 강	허	河	river
호수	후	湖	lake
연못	°츠	池	pond
늪	°자오	沼	swamp
폭포	푸 뿌	瀑布	waterfall
다리	챠오	橋	bridge
분수	펀 츄안	噴泉	fountain
잔디	차오 띠	草地	lawn
화단	화 탄	花壇	flower-bed
꽃	화	花	flower
잎	이예	葉	leaf
가지	°즈	枝	branch
나무	°수	樹	tree
숲(삼림)	선 린	森林	forest
정원	화유엔	花園	garden
입구	°루 커우	入口	entrance
출구	°추 커우	出口	exit
출입금지	진°즈찐 °루	禁止進入	no admittance
20세미만은 입장금지	얼°스°쑤이이쌰 진°즈찐 °루	二十歲以下禁止進入	no admittance for teenagers

마음대로 하세요	칭 쯔 뻬엔	請自便	please help yourself
공중전화	꿍꿍 띠엔 화	公共電話	public telephone
전화부	띠엔 화 뿌	電話簿	telephone directory
대사관	따°스 꽌	大使館	embassy
공사관	꿍°스 꽌	公使館	legation
영사관	ㄹ링°스 꽌	領事館	consulate
현상하다	충시썅피엔	冲洗像片	develop
공휴일	꿍°중자치	公衆假期	holiday
인화	싸이 인 썅 피엔	晒印像片	print

4. 식 사

식사	인 °스	飮食	meal
대접하다	칭커	請客	treat a treat
예복	리°푸	禮服	formal dress
혼잡하다	융지	擁擠	crowded
비다	쿵	空	empty
자랑요리	°짜오 파이 차이, 나 °서우 차이	招牌菜，拿手菜	special delicious dishes
특별요리	쟈야오	佳餚	special dishes
중화요리	°쭝꿔찬	中國餐	Chinese food
정식	°펀°판, 콰이°찬	份飯，快餐	table d'hote
영수증	°써우 쥐	收據	receipt
일품요리	링 디엔 차이	零點菜	dishes a la carte
주문하다	°짜오 (차이)	叫（菜）	order
간단한 음식	쌰 지우 차이	下酒菜	tidbit
깨끗하다	깐 °징	乾淨	clean
재떨이	이엔 후이 떠에	煙灰碟	ash-tray
바꾸다	땨오환	掉換	change for another
굽는 정도	싸오 카오 °청 뚜	燒烤程度	how do you like your steak?
잘 구워진	츄엔 °서우	全熟	well-done
반숙	빤 °서우	半熟	medium
덜 구운	(°러우 레이) °주더넌더	(肉類)煮得嫩的	rare
과일	°수이 꿔	水果	fruit
홍차	홍°차 (시°란차)	紅茶（錫蘭茶）	black tea
커피	카 °페이	咖啡	coffee
맛	웨이 따오	味道	taste
맛있는	메이 웨이	美味	delicious
단	티엔	甜	sweet
짠	시엔	鹹	salty
신, 시큼한	쏸	酸	sour
쓴	쿠	苦	bitter
경영	°징잉	經營	management

개점	카이°스 잉 이에	開始營業	opening a store
폐점	팅 즈 잉 이에	停止營業	closing
무휴	메이 °르 잉 이에	每日營業	no holiday
빵	미엔 빠오	麵包	bread
간단한 식사	삐엔 찬	便餐	light meal ɔd
서양요리	시 찬	西餐	western food
일본요리	°르 뻰 찬	日本餐	Japanese food
아침밥	짜오 °판(찬)	早飯(餐)	breakfast
점심	우 °판(찬)	午飯(餐)	lunch
저녁밥	완 °판(찬)	晩飯(餐)	dinner
밥	°판	飯	boiled rice
쌀	미	米	rice
우동	미엔	麵	wheat noodles
메밀국수	챠오 마이 미엔	荞麦麵	noodles
잉어	ㄹ리 위	鯉魚	carp
고기	°러우	肉	meat
쇠고기	니우 °러우	牛肉	beef
돼지고기	°쭈 °러우	豬肉	pork
닭고기	°지 °러우	雞肉	chicken
양고기	양 °러우	羊肉	mutton
오리	야	鴨	duck
칠면조	훠°지	火雞	turkey
생선	위	魚	fish
굴	하오	蠔	oyster
작은새우	쌰오 쌰	小蝦	shrimp
새우	쌰	蝦	prawn
바다 가재	룽 쌰	龍蝦	lobster
게	팡 시에	螃蟹	crab
낙지	°상위	章魚	octopus
오징어	머위	墨魚	cuttlefish
대구	슈에	鱈	codfish
연어	꾸이	鮭	salmon
참치	진 °창 위	金槍魚	tuna
정어리	싸띵 위	沙丁魚	sardine

전복	빠오 위	鮑魚	abalone
회나 채소를 식초에 무친 요리	티엔 쏸 싸오 °스, 카이 웨이 차이	甜酸小食，開胃菜	a vinegared dish
소금물에 절인 채소	파오 차이	泡菜	pickle
디저트	티엔 핀	甜品	dessert
레몬	닝 멍	檸檬	lemon
우유	니우 나이	牛奶	milk
설탕	탕	糖	sugar
토스트	카오 미엔 빠오	烤麪包	toast
버터	나이 여우, 황여우	奶油，黃油	butter
잼	꿔°짱	果醬	jam
칵테일	지 웨이 지우	鷄尾酒	cocktail
맥주	피 지우	啤酒	beer
청주	°르 뻔 지우	日本酒	refined rice wine
위스키	웨이 °스 지 지우	威士忌酒	whisky
포도주	푸 타오 지우	葡萄酒	wine
중국술	°쭝꿔 지우	中國酒	Chinese wine
채소	°쑤 차이	蔬菜	vegetable
무우	빠이 뤄뽀	白蘿蔔	radish
홍당무	후뤄뽀	胡蘿蔔	carrot
감자	마 링°쑤	馬鈴薯	potato
고구마	깐°쑤	甘薯	sweet potato
콩	떠우	豆	bean
오이	황꽈	黃瓜	cucumber
표고버섯	뚱꾸	冬菇	mushroom
양파	양충	洋葱	onion
파	충	葱	welsh onion
콩나물	또우 야	豆芽	bean sprout
가지	치에 즈	茄子	eggplant
토마토	°판 치에	蕃茄	tomato
시금치	뽀어 차이	菠菜	spinach
배추	빠이 차이	白菜	Chinese cabbage
샐러리	친 차이	芹菜	celery
죽순	°주 깐	竹筍	bamboo shoot
양배추	쭈엔 신 차이	卷心菜	cabbage

포도	°푸타오	葡萄	grapes
멜론	티엔 꽈	甜瓜	melon
밤	리쯔	栗子	chestnu、
수박	시꽈	西瓜	watermelon

5. 쇼　　핑

쇼핑	꺼우 우	購物	shopping
상점가	°상 디엔 취	商店區	shopping street
약도	°차오 투	草圖	sketch map
시계	°서우 뺘오	手錶	watch
부인복매장	뉘°좡뿌	女裝部	lady's wear counter
수정하다	시우 까이	修改	alter
화려한	화리, 시엔이엔	華麗, 鮮艷	showy, bright
검소한	푸°쑤, 지엔 단	樸素, 簡單	plain, simple
너무 비싼	타이 꾸이	太貴	too expensive
싼다	피엔 이	便宜	cheap
정가	띵쟈	定價	fixed price
값을 올리다	타이 까오 쟈 치엔	抬高價錢	over-charged
품절	츄에훠	缺貨	out of stock
(그림)엽서	(투화)밍씬피엔	(圖畫)明信片	(picture) postcard
꽃병	화 핑	花瓶	vase
재료	°즈띠	質地	material
가죽제품	피거핀	皮革品	leather products
어느나라 제품	나꿔훠	哪國貨	where is it made?
이태리제	이따리리훠	意大利貨	made in Italy
최신형	쭈이 씬콴°스	最新款式	latest design
유행	리우 싱	流行	in fashion
보증	여우 빠오°쩡	有保證	guarantee
계산	지 쏸	計算	calculation
배달료	윈 쑹 °페이	運送費	delivery charge
값	쟈치엔	價錢	price
돈	치엔	錢	money
점원	띠엔 유안	店員	shop clerk
백화점	빠이 훠 °상 디엔	百貨商店	department store
기념품상점	지 니엔 핀 °상 디엔	紀念品商店	souvenir shop
기념품	지 니엔 핀(리우)	紀念品(禮物)	souvenir (gift)
면세점	미엔 쑤이 °상 띠엔	免稅商店	tax-free shop

파이프용 담배	이엔 떠우 이엔 °차오	煙斗煙草	pipe
라이터	따 훠 지	打火機	lighter
담배 케이스	이엔 허	煙盒	cigarette case
잎담배	슈 에 쟈	雪茄	leaf tobacco
술종류	지우 레이	酒類	alcoholic drinks
반지	지에 °즈	戒指	ring
목걸이	샹 리엔	項鏈	necklace
브로치	비에 °전	別針	brooch
귀걸이	얼 환	耳環	ear-rings
액세서리	°푸 따이 핀	附帶品	accessories
다이아몬드	°좐°스	鑽石	diamond
비취	°페이 추이	翡翠	jade
산호	°산 후	珊瑚	coral
수정	°수이 칭	水晶	crystal
양복점	차이 °펑 띠엔	裁縫店	tailor's shop
양복	이 °푸; 이상	衣服; 衣裳	dress
속옷	네이 이	內衣	underwear
장갑	°서우 타오	手套	gloves
양말	와 즈	襪子	socks
구두	시에 즈	鞋子	shoes
모자	마오 즈	帽子	hat
우산	위싼	雨傘	umbrella
손수건	°서우 파	手帕	handkerchief
명주, 비단	°스 °처우	絲綢	silk
솜, 면직물	미엔 뿌	棉布	cotton
넥타이	링 따이	領帶	necktie
넥타이 핀	링 따이 쟈	領帶夾	necktie pin
커프스 단추	시우 커우	袖扣	cuff link
민예품	민 지엔 꿍이핀	民間工藝品	local handicraft article
골동품	꾸 뚱	古董	curios, antiques
상아	썋야	象牙	ivory
모피	마오 피	毛皮	fur
화장품	화 °좡 핀	化妝品	cosmetics

빗	°수°즈	**梳子**	comb
면도	티 따오	**剃刀**	razor
핸드백	°서우 티 따이	**手提袋**	handbag
지갑	치엔 빠오	**錢包**	purse
만년필	깡 삐	**鋼筆**	fountain pen
안경점	이엔 °징 디엔	**眼鏡店**	optician
안경	이엔 °징	**眼鏡**	spectacles
선글라스	타이양 이엔 °징	**太陽眼鏡**	sun glasses
별갑	따이 마오 °즈 °청핀	**玳瑁製成品**	tortoise shell
8밀리 촬영기	빠 리미디엔잉 °서잉지	**八厘米電影攝影機**	8 mm. projector
쌍안경	왕 유안 °징	**望遠鏡**	binoculars
필름	°롼 피엔	**軟片**	film
거울	°징즈	**鏡子**	mirror
화장지	°즈삐	**紙幣**	tissue paper
담배	썅이엔	**香煙**	cigarette

6. 은　　행

은행	인항	銀行	bank
영업시간	잉이에 °스 지엔	營業時間	business hours
서식	뺘오 꺼	表格	form
기입하다	티엔 °루	填入	fill in
창구	창 커우	窓口	window
수표	°즈 퍄오	支票	cheque
환율	뚜이 환 뤼	兑換率	exchange rate
환어음	후이 퍄오	匯票	bill of exchange
공인환전상	허°파뚜이환°상	合法兌換商	authorized ex-changer
외화교환증명서	와이 삐 뚜이 환 °셩밍°수	外幣兌換證明書	foreign currency ex-change certificate
경화, 동전	잉 삐	硬幣	coin
지폐	°즈 삐	紙幣	note
본점	°쭝 디엔	總店	main shop
지점	°펀 디엔	分店	branch shop
개인수표	꺼°런°즈 퍄오	個人支票	personal cheque
여행자수표	뤼 싱 °즈 퍄오	旅行支票	traveller's cheque

7. 통　신

서신	°수씬	書信	correspondence
우편물	여우 지엔	郵件	mail
우체국	여우 °정 쥐	郵政局	post office
우표	여우 퍄오	郵票	stamp
항공편	항쿵씬	航空信	airmail
기념우표	지니엔 여우 퍄오	紀念郵票	commemorative stamp
보통우편	핑 여우	平郵	ordinary mail
속달우편	콰이 여우	快郵	express delivery post
등기	꽈 하오	掛號	registered post
인형	양 와와	洋娃娃	doll
세관신고서	하이 꽌 °선 까오 빠오	海關申告表	declaration
수취인	°서우 지엔 °런	收件人	recipient
속에 든 물건	리 미엔 더 뚱시	裏面的東西	content
인쇄물	인쏴핀	印刷品	printed matter
전화	띠엔 화	電話	telephone
고장중	°파°성꾸°장	發生故障	out of order
외출	°추 와이	出外	gone out
출장	°추 °차이	出差	business trip
부재	부 짜이	不在	absence
회의	후이 이	會議	meeting
통화중	탄화 °쭝	談話中	engaged
전보	띠엔 빠오	電報	telegram
한 통화	싼°펀°쭝 띠엔 화	三分鐘電話	one call.
콜렉트 콜	뚜이 °팡 °푸 치엔 더 띠엔 화	對方付錢的電話	collect call
스테이션 콜	°짜오 하오 띠엔 화	叫號電話	station call
퍼스널 콜	°즈 밍 띠엔 화	指名電話	personal call
지급전보	진 지 띠엔 빠오	緊急電報	urgent telegram
텔렉스	융후띠엔 빠오	用户電報	telex
지급전화	진 지 띠엔 화	緊急電話	urgent call

전화국	띠엔 빠오 쥐	**電報局**	telephone office
국제전보	꿔지 띠엔 빠오	**国際電報**	international telegram
자수	쯔°수	**字數**	number of words
엽서	밍씬 피엔	**明信片**	post card
편지	°신	**信**	letter
봉투	°신 °펑	**信封**	envelope
편지지	°신 °즈	**信紙**	writing paper
항공편지	항쿵 여우 지엔	**航空郵簡**	aerogramme
접수시간	지에 •써우 •스 지엔	**接收時間**	receiving time
우편번호	여우 취 하오 마	**郵區號碼**	postal code
수신인	"서우 씬 °런	**收信人**	addressee
비용	•페이 용	**費用**	charge
발신인	지씬°런	**寄信人**	sender
중앙우체국	°쭝양 여우 쩡쥐	**中央郵政局**	central post office
우체통	여우 퉁	**郵筒**	post
우편환	여우 쩡 후이 퍄오	**郵政匯票**	postal order
보통편	°푸퉁씬 지엔	**普通信件**	sea mail
우편요금	여우 °페이	**郵費**	postage
소포	빠오 꿔	**包裹**	parcel
소형포장물	샤오 여우 빠오	**小郵包**	package
가격표시	°쟈 꺼 뺘오 °스	**價格表示**	value declared
개봉우편	우 °펑 커우 씬 지엔	**無封口信件**	unsealed mail
전화료	띠엔 화 °페이	**電話費**	telephone charge
구내전화선	°즈 시엔, 네이 시엔	**支綫，内綫**	interphone line
외선	와이 시엔	**外綫**	outside line
교환원	띠엔 화 지에 시엔 유안	**電話接綫員**	operator (telephone)
보통	°푸퉁	**普通**	ordinary

8. 교 통

곧장	°즈 싱	直行	straight
왼쪽	쒀	左	left
오른쪽	여우	右	right
방향을 바꾸다	°쫜	轉	turn
맞은편	뚜이 미엔	對面	opposite side
신호	씬 하오	信號	signal
이쪽	°쩌 뻬엔	這邊	this side
네거리	°스 °즈 루 커우	十字路口	crossing (junction)
심야요금	우이에 °푸 쟈 °페이	午夜附加費	midnight charge
기차	훠 °처	火車	train
편도	딴°청	單程	one-way
왕복	ㄹ라이 후이	來回	going and coming
유효기간	여우 쌰오 치 지엔	有效期間	the term of validity
표	퍄오	票	ticket
도중하차	°쭝투 쌰 °처	中途下車	stopover
돈을 돌려주다	투이 치엔	退錢	refund
침대차	워 °처	臥車	sleeping car
식당차	찬 °처	餐車	dining car
급행	콰이 °처	快車	express
급행권	콰이 °처 퍄오	快車票	express ticket
접속	°쫜 지에	轉接	connection
인부, 포터	탸오 °푸	挑夫	porter
지정석	위 띵 쭤 웨이	預定座位	reserved seat
직행	°즈 따	直達	going directly
능가하다	°청 꿔 ㄹ러°짠	乘過了站	go beyond
정산소	뿌 퍄오 빤 °스 추	補票辦事處	fare adjustment office
차표	°처 퍄오	車票	(railway) ticket
대합실	허우 °처 °스	候車室	waiting room
운임	윈 °페이	運費	fare
요금을 받다	°써우 °페이	收費	charge
할인	°저 커우	折扣	discount

입장권	°루 °창 츄엔	入場券	admission ticket
역	°처 °짠	車站	station
역장	°짠 °장	站長	station master
특급	터 비에 콰이 °처	特別快車	special express
야간열차	이에 °처	夜車	a night train
운전수	쓰지	司機	driver
차장	지엔 퍄오 유안	剪票員	conductor
플랫폼	유에 타이	月台	platform
취소수속비	취 샤오 °서우 쉬°페이	取消手續費	cancellation fee
상(하)침대	°상(쌰)°칭위°푸	上(下)層臥舖	upper (lower) berth
흡연차	시 이엔 °처	吸煙車	smoking car
수하물 일시 보관소	씽 리리지°팡°추	行李寄放處	temporary baggage deposit office
유람승차권	여우 란°처퍄오	遊覽車票	an excursion ticket
충돌	샹°쫭	相撞	collision
탈선	°추 꾸이	出軌	derail
정전	딩 띠엔	停電	power failure
불통	뿌넝퉁싱	不能通行	suspension, interruption
개통	후이 °푸 퉁°처(카이 °스 퉁 °처)	恢復通車(開始通車)	opening to traffic
철도	티에 °루	鐵路	railway
버스	꿍꿍°치°처	公共汽車	bus
버스터미널	°쭝 디엔 °짠	終點站	bus terminal
주행거리	리 °청	哩程	mileage
장거리버스	°창투꿍꿍°치°처	長途公共汽車	long distance bus
리무진버스	지°창 빠°스	機場巴士	limousine bus
정류장	꿍꿍°치°처°짠	公共汽車站	stopping-place
주차장	팅°처°창	停車場	a parking zone
회수권	뚸츠퍄오(꾸뻔퍄오)	多次票(固本票)	a coupon ticket
렌트카	°추주 °치°처	出租汽車	rental car
차종	°처더 쭝 레이	車的種類	type of car
신청	°선칭	申請	apply
필요사항	삐야오 °스 썅	必要事項	necessary particulars

보험	빠오 시엔	保險	insurance
보험금	빠오 시엔 °페이	保險費	insurance money
장애, 고장	짱 아이, 마오 뼁	障碍, 毛病	breakdown, out of order
수리공장	시우 리 °창	修理廠	workshop
충전하다	(띠엔 °츠)°충 띠엔	(電池)充電	charge a battery
주유소	치 여우 °짠	汽油站	petrol station, gasoline station
전세차	°추 °주(°처)	出租(車)	hire car
고속도로	까오 쑤 꿍 ° 루	高速公路	highway
보증금	빠오 쩡 °진	保證金	deposit money
배	°촨	船	ship
출범	항싱, 치항	航行, 啓航	sailing
부두	마 터우	碼頭	pier
기항	팅 카오 깡	停靠港	call at a port
승선	°상°촨	上船	embarkation
정박중	팅뻐	停泊	anchor
수중익선	°수이 이 °촨	水翼船	hydrofoil craft
개찰구	지엔 퍄오 °추	剪票處	ticketgate
교통신호	°쟈오 퉁 °신 하오	交通信號	traffic signal
도로표지	° 루 퍄오	路標	road sign
파출소	°파이 °추 쒀	派出所	police box
교통	°쟈오 퉁	交通	traffic
사고	이 와이	意外	accident
출발	°추 °파	出發	leave (depart)
도착	따오 따	到達	arrive
만원	만 쭤	滿座	fully booked
객선	커 °촨	客船	a passenger ship
화물선	훠 °촨	貨船	cargo ship
항구	깡	港	port
기항지	팅뻐깡	停泊港	a port of call
배회사	°촨우꿍쓰	船務公司	shipping company
선장	°촨 °장	船長	captain
선원	°촨 유안	船員	crew
선실	°촨°스, 커창	船室, 客艙	cabin

의무실	이우°스	**醫務室**	medical treatment room
휴게실	시우시°스	**休息室**	resting room
구명보트	지우°성 팅	**救生艇**	a life boat
구명대	지우 °성 따이	**救生帶**	a life belt
항행시간	항싱 °스 지엔	**航行時間**	sailing time
욕실	위°스	**浴室**	bathroom

9. 길을 묻다

길	°루	**路**	road
건물	지엔 °쭈우	**建築物**	building
멀다	유안	**遠**	far
길을 잃다	미 °루	**迷路**	lose one's way
지도	띠투	**地圖**	map
통과하다	촨 꿔	**穿過**	go through, cut across
우측	여우 삐엔	**右邊**	right side
좌측	쭤 삐엔	**左邊**	left side
우측통행	카오 여우 싱	**靠右行**	keep to the right
좌측통행	카오 °쭤 싱	**靠左行**	keep to the left
탑	나	**塔**	tower
시장	°스 창	**市場**	market
중앙	°쭝양	**中央**	central
거리	지에 따오	**街道**	street
가로수길	린 인 따오	**林蔭道**	avenue
도로	따오 루	**道路**	road
인도	°런 싱 따오	**人行道**	footway
차도	°처 따오	**車道**	roadway
곧장	°즈 °쩌우	**直走**	go straight
구부러지다	°쫜 완	**轉彎**	turn
우회전하다	°쫜 여우	**轉右**	turn right
좌회전하다	°쫜 °쭤	**轉左**	turn left
맞은편	무이미엔	**對面**	opposite side
다음역	쌰이 °짠	**下一站**	next station
동쪽	뚱	**東**	east
서쪽	시	**西**	west
남쪽	난	**南**	south
북쪽	뻬이	**北**	north
앞	치엔	**前**	front
뒤	허우	**後**	back
옆	°처미엔, °팡 삐엔	**側面, 旁邊**	the side

경찰	징°차	**警察**	policeman
광장	꽝창	**廣場**	an open space
공원	꿍 유안	**公園**	garden
도서관	투°수꽌	**圖書館**	library
교회	짜오 탕	**教堂**	church
사원(절)	먀오	**廟**	temple
시계탑	°스 쭝 ㄹ러우	**時鐘樓**	tower clock

10. 질　　병

질병	지 삥	疾病	sickness
두통	터우 퉁	頭痛	headache
복통	뚜쓰 뚱	肚子痛	stomachache
양치질 약	°쑤 커우 야오 °수이	漱口藥水	medicine for gargl-ing
과식	°츠꿔뚸	吃過多	over-eat
과음	허 타이 뚸	喝太多	drinking too much
설사하다	시에 뚜	瀉肚	diarrheoa
구역질	어우 투	嘔吐	vomit
식중독	°스우 °쭝뚜	食物中毒	food poisoning
치통	야퉁	牙痛	toothache
치과의사	야이	牙醫	dentist
감기	°상 °펑	傷風	cold
감기약	°상 °펑 야오	傷風藥	cold medicine
목이 아프다	허우 룽 퉁	喉嚨痛	sore throat
기침	커 °써우	咳嗽	cough
열	°파 °싸오	發燒	fever
한기	°파 렁	發冷	cold
상처를 입다	°서우 °상	受傷	injury
삐다	°저 °상, 니우 °상	折傷, 扭傷	sprain
화상	싸오 °상	燒傷	burn
배멀미	윤촨	暈船	sea-sick
현기증	터우 윤	頭暈	giddy
진찰하다	°전 °스	診視	medical examina-tion
식욕	°스위	食欲	appetite
수면부족	°수이 민 뿌 °주	睡眠不足	lack of sleep
완쾌	츄안 위	痊愈	complete recovery
휴식	시우 시	休息	rest
영양	잉양	營養	nourishment
주사	°쭈°써	注射	injection
약방	야오 °팡	藥房	dispensary

의사	이 °성	醫生	doctor
간호원	후 °스	護士	nurse
환자	삥 °런	病人	patient
내과의사	네이커 이 °성	內科醫生	physician
외과의사	와이커 이 °성	外科醫生	surgery
치과의사	야커 이 °성	牙科醫生	dentist
안과의사	이엔커 이 °성	眼科醫生	eye specialist
산부인과의사	°푸커이°성	婦科醫生	gynaecologist
소아과의사	얼커이°성	兒科醫生	pediatrist
전문의	쫜커이 °성	專科醫生	specialist
병원	이 유안	醫院	hospital
병실	삥 °팡	病房	sickroom, ward
진료소	쩐 리아오 °쉬	診療所	clinic
치료실	°즈랴오 °스	治療室	treatment room
수술	°서우 쑤	手術	operation (surgery)
입원	°쭈 유안	住院	hospitalization
퇴원	°추 유안	出院	discharge from hospital
옥도정기	디엔 지우	碘酒	iodine tincture
연고	야오 까오	藥膏	ointment
아스피린	투이 싸오 야오 (아쓰피리린)	退燒藥 (阿斯匹林)	aspirin
수면제	안 민 야오	安眠藥	sleeping pill
진통제	°즈퉁 야오	止痛藥	pain killer
안약	이엔 야오 °수이	眼藥水	eye drop
위장약	쌰오 화 야오	消化藥	stomach medicine
찜질	°푸 뿌	敷布	compress
소독	샤오 뚜	消毒	sterilization, disinfection
식후	°판 허우	飯後	after meals
콜레라	휘롼삥	霍亂病	cholera
항생물질	캉 °성 쑤	抗生素	antibiotic
폐렴	°페이 이엔	肺炎	pneumonia
맹장염	망 °창 이엔	盲腸炎	appendicitis
신경통	썬°징통	神經痛	neuralgia

장질부사	°상한	**傷寒**	typhoid
유행성감기	ㄹ리우 싱 씽 깐 마오	**流行性感冒**	influenza
근육	°시°러우	**肌肉**	muscle
위통	웨이 퉁	**胃痛**	gastric pain
천식	치°촨	**氣喘**	breathlessness
가려움	양	**痒**	itchy
피곤하다	피 쥬안	**疲倦**	tired
코피가 나다	ㄹ리우 삐 시에	**流鼻血**	bleed at the nose
변비	삐엔 삐	**便秘**	constipation
상처	°상 커우	**傷口**	wound
골절	취 °상, 꾸°저	**挫傷、骨折**	fracture
타박	°펑 °상	**碰傷**	bruise
화농	화 눙	**化膿**	suppuration
두드러기	쉰 마 °전	**蕁麻疹**	nettle rash
구내염	커우 이엔	**口炎**	cold sores
신체	°썬 티	**身體**	body
머리	터우	**頭**	head
목	껑	**頸**	neck
인후, 목	허우 룽	**喉嚨**	throat
얼굴	ㄹ리엔	**臉**	face
눈	이엔	**眼**	eye(s)
코	삐	**鼻**	nose
입	쭈이	**嘴**	mouth
귀	얼	**耳**	ear(s)
어깨	지엔	**肩**	shoulder
등	뻬이	**背**	back
가슴	슝°신	**胸**	chest
심장	°신 짱	**心臟**	heart
간장	깐 짱	**肝臟**	liver
엉덩이	툰 뿌	**臀部**	hip
복부	°푸 뿌	**腹部**	abdomen
옆구리	°처°푸	**側腹**	flank
배꼽	뚜 치	**肚臍**	navel
관절	꽌 지에	**關節**	joint
뼈	꾸	**骨**	bone

피부	피 °푸	皮膚	skin
무릎	시	膝	knee
복사뼈	화	踝	ankle
손가락	°서우 °즈	手指	finger
엄지손가락	무 °즈	拇指	thumb
검지손가락	°스 °즈	食指	forefinger
중지	°쭝 °즈	中指	middle finger
약지	우밍°즈	無名指	ring finger
새끼손가락	쌰오 °즈	小指	small finger
발가락	쟈오 °즈	脚趾(指)	toes
팔꿈치	°저우	肘	elbow
손목	°서우 완	手腕	wrist
손	°서우	手	hand
팔꿈치	°서우 뻬이	手臂	arm
위	웨이	胃	stomach
장	°창	腸	intestine
폐	°페이	肺	lung

11. 곤란한 일을 당했을때

곤란을 당했을 때	위따오 쿤난더°스 허우	遇到困難的時候	when in trouble
한국대사관	한꿔따°스꽌	韓國大使館	korean Embassy
연락하다	ㄹ리엔 ㄹ뤄	聯絡	contact
부르다	쟈오	叫	call
도둑 맞다	뻬이 터우	被偷	be stolen
잊다	왕 지	忘記	forget
유실물계	°스우 짜오 ㄹ링°추	失物招領處	person-in-charge of lost property
구두(단화)	시에	鞋	shoes
구두수선	뿌 시에	補鞋	repair
경찰서	징°차쥐	警察局	police station
강도	창 따오	强盜	robber
소매치기	파 °서우	扒手	pickpocket
피해자	뻬이 하이 °저	被害者	victim
목격자	무 지 °저	目擊者	eye witness
화재	훠 짜이	火災	fire
구급차	지우 °상 °처	救傷車	ambulance
교통사고	°처 훠	車禍	traffic accident
일시불통	°잔팅 퉁 싱	暫停通行	suspension (of rail-way)
수재	°수이 짜이	水災	flood
응급처치	지 지우	急救	first aid
비상벨	징 ㄹ링	警鈴	emergency alarm
분실하다	이 °스	遺失	lose
강탈하다	°창 지에	搶劫	robbery

12. 미용원 · 이발관

미용원	메이룽 유안	美容院	beauty parlour
이발관	리°파 띠엔	理髮店	barber shop
능숙하다	°서우 리엔	熟練	skilful
분명히 알다	밍 빠이	明白	understand
앞머리카락	치엔 미엔 더 터우°파 (리우 하이)	前面的頭髮、(劉海)	front hair
뒷머리	허우 미엔 더 터우 °파	後面的頭髮	back hair
가지털	카이 °차 더 터우 °파	開叉的頭髮	split hair
가볍게	°롼	軟	soft
머리형	°파 씽	髮型	hair style
물들이다	°란	染	dye
거꾸로 선 털	따오 °수 터우 °파	倒豎頭髮	to back comb the hair
머리를 자르다	지엔 °파	剪髮	cut one's hair
수염	후쯔	鬍子	moustache
깎는다(면도)	티, 꽈	剃、刮	shave
퍼머하다	탕 터우°파(띠엔 °파)	燙頭髮,(電髮)	have a perm
이발, 커트	리°파, 지엔°파	理髮, 剪髮	hair cut
세발	시 터우	洗頭	shampoo
비듬	터우 피	頭皮	dandruff
머리에 물들이다	°란 °파	染髮	dye the hair
세트하다	°줘터우 °파, °스°파	做頭髮, 飾髮	set the hair

13. 귀　　국

귀국하다	후이 꿔	回國	return home
공항	°페이지 °창	飛機場	airport
접수처	지에 따이 °추	接待處	information office
예약	위 띵	預定	booking
변경하다	껑 까이	更改	change
출발시간	치°페이(°추°파)°스 지엔	起飛(出發)時間	departure time
비행기	°페이 지	飛機	aeroplane
연기하다	이엔 °츠	延遲	delay
결항	취 쌰오 빤 지	取消班機	flight cancellation
중도정거	°쭝투 팅 릐우	中途停留	stop-over
직행	°즈항	直航	going directly
직행항공편	°즈항빤지	直航班機	direct flight
경유	°징 여우	經由	via
연착	이엔 °츠 띠 따	延遲抵達	delayed arrival
짐	°싱릐	行李	luggage
별송하다	릥 지	另寄	send by separate
짐 초과요금	°싱릐 °차오 쭝 °페이	行李超重費	excess luggage charge
추가요금	°푸 쟈 °페이	附加費	additional charge
담배를 피우다	시 이엔	吸煙	smoke
창측	카오 °창 쭤웨이	靠窗座位	window seat
최종안내	쭈이 허우 빠오 까오	最後報告	final announcement
탑승권	떵지°쩡	登機證	boarding card
준비	위 뻬이	預備	preparation
접속항공편	°쫜 지	轉機	connecting flight

노 래 편

字母歌 (Zìmǔ Gē)

小松树

Xiǎo sōngshù, kuài zhǎngdà,
小　　松树,　快　　长大,

lǜ shùyè, xīn zhīyá,
绿　树叶,　新　　枝芽,

yángguāng yǔlù bǔyù tā,
阳光　　　雨露　哺育　它,

kuàikuài zhǎngdà, kuàikuài zhǎngdà.
快快　　　长大,　　快快　　长大。

草原情歌(Cǎoyuán Qínggē)

草原情歌

Zài nà yáoyuǎn di dìfang,
在那 遥远 的 地方,

yǒu yíge hǎo gūniang;
有 一个 好 姑娘;

rénmen zǒuguòliǎo tādi shēnpáng,
人们 走过了 她的 身旁,

dōu yào huí tóu liúliàndi zhāngwàng.
都 要 回 头 留恋地 张望。

茉莉花（Mòlihuā）

茉莉花

Hǎo yì duǒ Mòlìhuā,
好　一朵　茉莉花，

hǎo yì duǒ Mòlìhuā.
好　一朵　茉莉花。

Mǎnyuán huācǎo xiāng yě xiāng búguò tā,
满园　花草　香　也　香　不过　它，

wǒ yǒuxīn cǎi yì duǒ dài,
我　有心　采　一朵　戴，

yòu pà nà kànhuārén jiāng wǒ mà.
又　怕 那　看花人　将　我　骂。

半个月亮爬上来（Bànge yuèliang pá shànglai）

青海民歌

半个月亮爬上来

Bànge yuèliang pá shànglai,
半个　月亮　爬　上来，
yīlālā pá shànglai.
伊拉拉 爬　上来。
Zhàozhe wǒdi gūniang shūzhuāngtái,
照着　我的　姑娘　梳妆台，
yīlālā shūzhuāngtái.
伊拉拉　梳妆台。
Qǐng nǐ bǎ nà shāchuāng kuài dǎkāi,
请　你 把 那　纱窗　快　打开，
yīlālā kuài dǎkāi.
伊拉拉 快　打开。
Zài bǎ nǐdi méigui zhāi yì duǒ,
再　把 你的　玫瑰　摘 一　朵，
qīngqīngdi rēng xiàlai.
轻轻地　扔　下来。

■ 저자 : 한 원 석 ■

한중문화교류회장

■ 감수 : 김 재 선 ■

(前) KBS TV 중국어 강좌 담당

즐거운 **중국여행 회화** 定價 15,000원

2015年 6月 10日 인쇄
2015年 6月 15日 발행
저 자 : 한 원 석
감 수 : 김 재 선
발행인 : 김 현 호
발행처 : 법문 북스
공급처 : 법률미디어

152-050
서울 구로구 경인로 54길4(구로동 636-62)
TEL : 2636-2911~3, FAX : 2636~3012
등록 : 1979년 8월 27일 제5-22호
Home : www.lawb.co.kr

▌ISBN 978-89-7535-317-8 13720
▌파본은 교환해 드립니다.